AF275780

«Un llamamiento urgente para replantearse el liderazgo, la cultura y la estrategia de crecimiento de las empresas. Una lectura imprescindible para el viaje de transformación empresarial con IA en todo el mundo».
—**ANISH SHAH**, CEO of Mahindra Group and Past President, Indian Federation of Chambers of Commerce & Industry

«*La IA y la Organización Pulpo* es una guía oportuna y reveladora para los líderes que navegan por la transformación empresarial. Ofrece una visión convincente para construir organizaciones ágiles y resilientes, y convierte esa visión en acción a través de marcos prácticos y ejemplos vívidos. Brill y Wunker aportan claridad a un tema complejo y ayudan a los líderes a pensar en grande sobre lo que es posible en un mundo habilitado por la IA».
—**MOJGAN LEFEBVRE**, Chief Information and Operations Officer, Travelers

«¡Guau! Práctico, potente y ameno de leer. Recomiendo encarecidamente *La IA y la Organización Pulpo*».
—**SCOTT D. ANTHONY**, Clinical Professor, Tuck School of Business, Dartmouth

«*La IA y la Organización Pulpo* va más allá del bombo publicitario de la IA para ofrecer marcos aplicables para el cambio organizativo. Utilizando el pulpo como modelo de inteligencia distribuida, el libro presenta estrategias concretas para la toma de decisiones descentralizada, el flujo de información en tiempo real y el liderazgo adaptativo. Su fortaleza radica en el enfoque práctico: estudios de casos reales, metodologías claras y una orientación específica para la implementación, en lugar de ideas abstractas. La metáfora biológica funciona bien porque se centra en la supervivencia y la adaptación, no solo en las ganancias de eficiencia. Para los ejecutivos que se enfrentan a la disrupción de la IA, esto proporciona una hoja de ruta para reestructurar las organizaciones y mantener la competitividad. Para las organizaciones que ya aprovechan la IA, es una fuente de conocimientos para acelerar el camino hacia la creación de valor».
—**EURO BEINAT**, Global Head of AI, Prosus Group and Naspers

«En mi trabajo con iniciativas de IA en todo el mundo, lo más difícil nunca ha sido la tecnología, sino saber cómo y dónde aplicarla. Este libro lo explica perfectamente».
—**JOHAN HARVARD**, Global AI Advisory Lead, Tony Blair Institute for Global Change

La IA y la Organización Pulpo

JONATHAN BRILL
STEPHEN WUNKER

La **IA**
y la
Organización
Pulpo

Construyendo la
empresa superinteligente

ALMUZARA

La colección Ex² debuta con un libro imprescindible para directivos que quieren liderar el cambio en un entorno de IA. En esta biblioteca encontrarás títulos, nuevos e inéditos en español, de los mejores autores y con las ideas más avanzadas. En un mundo de cambio vertiginoso, el conocimiento es la ventaja competitiva; la colección Executive Excellence es su cadena de transmisión: selecciona, traduce y acerca el pensamiento de *management* de referencia, con rigor editorial y enfoque aplicado, para que personas, equipos y organizaciones prosperen.

Título original: *AI and the Octopus Organization. Building the Superintelligent Firm* (Menlo Park Books).

© Jonathan Brill, 2025
© Stephen Wunker, 2025
© Editorial Almuzara, s. l., 2025

Primera edición en Almuzara: diciembre de 2025

Editorial Almuzara • Colección Executive Excellence
Editor: Alfonso Orti
Traductor: Federico Fernández de Santos

www.editorialalmuzara.com
pedidos@almuzaralibros.com - info@almuzaralibros.com

Editorial Almuzara
Parque Logístico de Córdoba. Ctra. Palma del Río, km 4
C/ 8, Nave L2, n.º 3. 14005, Córdoba

Imprime: Gráficas La Paz
ISBN: 979-13-70201-36-4
Depósito legal: CO-2050-2025
Hecho e impreso en España - *Made and printed in Spain*

Índice

Prólogo

La inteligencia artificial no es simplemente otra ola tecnológica: es un cambio sísmico que redefine lo que las empresas son capaces de hacer, cómo crean valor y cómo compiten.

A diferencia de tecnologías anteriores, la IA no es un sistema o herramienta aislada. Es un multiplicador de capacidades que impregna cada función de la organización.

Las empresas que logren integrar la IA de manera efectiva no solo automatizarán tareas; reinventarán sus modelos de negocio, su manera de innovar y la forma en que sus personas toman decisiones.

Ese es también el gran desafío: la IA no es solo una cuestión técnica, es profundamente humana y organizativa. ¿Cómo combinar velocidad con responsabilidad? ¿Cómo mantener la confianza de clientes, empleados y reguladores mientras se experimenta con tecnologías disruptivas?

En *La IA y la Organización Pulpo*, Jonathan Brill y Steve Wunker ofrecen un marco claro, accesible y lleno de ejemplos para ayudar a los directivos a responder estas preguntas. La metáfora del pulpo —un ser ágil, distribuido y adaptable— es especialmente poderosa en un momento en que las estructuras rígidas se ven desbordadas por la complejidad del entorno.

Este libro no se limita a describir el futuro: proporciona una hoja de ruta práctica para alcanzarlo. Recomiendo su lectura a cualquier ejecutivo que se pregunte cómo convertir la incertidumbre en ventaja competitiva.

PÄR EDIN
Former Board Committee Chair KPMG LLP and KPMG AI Leader

Prefacio

Cuando empecé el manuscrito *La IA y la Organización Pulpo*, sentí algo poco habitual: el libro me hablaba desde dos lugares a la vez. Desde la cabeza —con un marco claro, elegante y práctico que ordena lo que muchos directivos intuimos sobre la IA y la transformación organizativa— y desde el corazón —con historias, metáforas y una ambición humanista que recuerdan por qué liderar en tiempos de disrupción es, ante todo, un acto de responsabilidad—.

Terminé convencido de dos cosas: que Jonathan Brill y Stephen Wunker han escrito una guía de supervivencia y crecimiento para los próximos años, y que este libro llega a tiempo. No es un manual técnico ni una recopilación de casos que envejecen rápido: es un mapa para rediseñar organizaciones, con la metáfora del pulpo —inteligencia distribuida, «collar neural», capacidad de reconfiguración— como guía operativa para procesos, herramientas y comportamientos.

COINCIDENCIAS CON LO QUE VEMOS EN PRIMERA LÍNEA

En Qaracter acompañamos a líderes que navegan cambios simultáneos: nuevas reglas en datos y regulación, mercados fragmentados, clientes que exigen personalización radical y equipos que reclaman autonomía con propósito. El error más común es creer que la IA pide «más control»;

paradójicamente, funciona mejor cuando devolvemos criterio y capacidad de decisión a la primera línea, en entornos psicológicamente seguros y con estándares y métricas compartidas.

Cuando quien está junto al cliente dispone de contexto, datos accionables y margen presupuestario para resolver en el momento, desaparecen las cascadas de aprobaciones, la fricción baja y el tiempo de respuesta se acelera a minutos. El «centro» deja de ser una torre de órdenes para convertirse en un anillo nervioso que fija prioridades, resuelve colisiones y cuida estándares. Ese equilibrio —autonomía con propósito— diferencia a quienes solo automatizan de quienes se vuelven verdaderamente adaptativos.

DE LA TEORÍA A LA PRÁCTICA (Y DE VUELTA)

Una virtud del libro es conectar piezas que a menudo se tratan por separado: arquitectura de datos, modos de liderazgo, diseño de incentivos y hábitos que incrementan la «serendipia estratégica». No basta con «poner IA»; hay que crear condiciones para que la información circule, para que los sesgos se hagan visibles y para que los miles de microdecisiones diarias sean un poco mejores y más rápidas. Ahí está el retorno.

Como enseñó Clayton M. Christensen, mentor intelectual de Stephen Wunker: «Cuando compramos un producto, lo contratamos para hacer un trabajo». Trasladado a la gestión: ¿qué «trabajo» queremos que haga nuestro sistema en la era de la IA? Si respondemos «coordinar mejor, decidir antes y aprender siempre», encontramos una hoja de ruta pragmática que reduce la distancia entre el PowerPoint y la realidad.

SOBRE LOS AUTORES
(Y POR QUÉ ESCUCHARLOS)

Jonathan Brill lleva años ayudando a ejecutivos a «ver antes», priorizar y actuar en horizontes de cinco años. Su experiencia como futurista en compañías tecnológicas globales y su trayectoria en corporaciones de primer nivel le aportan una perspectiva peculiar: entiende la frontera tecnológica, la política industrial y la psicología de los equipos que tienen que ejecutar el lunes. Stephen Wunker aporta la mirada de los mercados emergentes, la disciplina de priorizar y la humildad del «cliente primero» aprendida junto a Christensen. No se les lee para coleccionar citas, sino para tomar decisiones distintas el martes por la mañana.

QUÉ ENCONTRARÁS AL
SUMERGIRTE EN EL LIBRO

El recorrido está pensado con intención. Comienza con el «mar de fondo»: por qué está cambiando la economía de la empresa —coste de capital, energía, talento y geopolítica— y qué hace la IA más allá de automatizar: recombina factores, amplifica el alcance del juicio humano y colapsa el tiempo entre ver, decidir y actuar. Luego llegan los «ocho brazos»: tácticas concretas para empoderar a la primera línea, convertir el centro en anillo nervioso y resincronizar con métricas compartidas. Después, el «collar neural»: datos que fluyen, asistentes que depuran, estructuran y contextualizan la información, y ecosistemas que aprenden. Más adelante, los «tres corazones» del liderazgo y la «resiliencia propulsada por ARN» para reescribir procesos en horas. Y, por último, un plan de transformación que diferencia con claridad entre *pilotar* y tener derecho a escalar.

Dos advertencias atraviesan el libro: la tecnología corre más deprisa que las personas, y la deuda organizativa —decisiones acumuladas que hoy ralentizan todo— no se borra comprando licencias de *software*; hay que decidir qué capas quitar antes de añadir otras.

LO QUE MÁS ME INTERPELA COMO CEO

Si tuviera que destilar tres llamadas a la acción, serían estas:

1. **Empieza por el «para qué» y acerca la decisión al punto de contacto.** No preguntes «qué puede hacer la IA aquí», sino «qué decisiones deberían tomarse más cerca del cliente y con qué salvaguardas». Dotar a los equipos de datos, guardarraíles y derechos presupuestarios micro cambia más que cualquier algoritmo.

2. **Convierte la comunicación en sistema nervioso.** El «collar neural» no es una metáfora bonita: implica hacer accesible, en tiempo real, la información relevante según el rol y el contexto. Eso requiere repositorios interconectados, taxonomías vivas y asistentes que filtren, organicen y pongan en contexto la información para que la conversación coordine sin necesidad de órdenes.

3. **Lidera con tres corazones.** No hay un único modo de dirigir: hay que saber cuándo ser analítico, cuándo activar *sprints* ágiles y cuándo recalibrar la cultura y los símbolos. La IA acelera; el liderazgo decide hacia dónde y con quién. La seguridad psicológica —que algunos aún consideran «blanda»— es infraestructura dura para transformar. Sin ella, la autonomía se convierte en miedo a equivocarse y los equipos esconden señales tempranas; con ella, la organización se vuelve un laboratorio vivo.

El libro ofrece prácticas para medir satisfacción y estrés, aprender de los fallos sin política y garantizar que una buena idea —venga de donde venga— encuentre camino.

POR QUÉ LO RECOMIENDO

Porque equilibra ambición con realismo. Porque traduce grandes ideas en comportamientos cotidianos. Porque trata a los líderes como adultos: ni promete milagros ni banaliza el esfuerzo político y emocional que supone cambiar. Y porque dibuja un futuro en el que merece la pena creer: empresas más humanas, precisamente, porque usan mejor la tecnología.

En *Executive Excellence* —y en tantas conversaciones con directivos— vemos que el péndulo se mueve: del «esperar y ver» al «probar y aprender», y de ahí a diseñar organizaciones que deciden en primera línea, aprenden en red y lideran con propósito. Este libro acompaña esas etapas.

UN APUNTE PERSONAL

A quienes lideramos equipos nos pesa la responsabilidad de orientar recursos escasos —tiempo, talento, capital— en un mundo que no permite planificar con comodidad. *La IA y la Organización Pulpo* no elimina la incertidumbre, pero ofrece algo mejor: un lenguaje común para conversar con tu comité de dirección, con tus mandos intermedios y con la primera línea sobre cómo vamos a trabajar a partir de ahora. Si, como sostiene el libro, la coordinación es la ventaja definitiva, necesitamos ese lenguaje hoy, no mañana.

Cierro con una convicción y una invitación. La convicción: el futuro no será indulgente con las organizaciones «amonites», blindadas en su concha y optimizadas para lo predecible. La invitación: suelta el caparazón, ensaya los ocho brazos, activa el collar neural y escucha tus tres corazones. Descubrirás que podías moverte más rápido —y con más sentido— de lo que imaginabas.

ENRIQUE GALVÁN
CEO de Qaracter

Introducción
¿Por qué transformarse?

¡Bum! Todo cambió

Hace sesenta y seis millones de años, un asteroide del tamaño de Manhattan impactó en la península de Yucatán con la energía de diez mil millones de bombas de Hiroshima. Nubes masivas de polvo tóxico oscurecieron el sol, enfriaron el planeta y generaron torrentes de lluvia ácida. En cuestión de semanas, el 75 por ciento de las especies de la Tierra estaban camino de la extinción.

Antes del asteroide, los océanos prehistóricos habían sido biomas diversos, llenos de vida y repletos de miles de especies de una criatura que hoy raramente tenemos en cuenta: el amonites. Hoy solo conservamos sus conchas fosilizadas, intrincadamente enrolladas y de un tamaño que varía de pocos centímetros hasta casi tres metros de diámetro. Su evolución había sido tan gradual y consistente que los geólogos utilizan sus fósiles para datar los estratos rocosos.

El éxito del amonites se basaba en un diseño sin concesiones. Su concha protectora, formada a través de lentos cambios a lo largo de millones de años, estaba perfectamente adaptada a un entorno predecible y estable. Pero, en un giro brutal del destino, la misma rigidez que había garantizado su dominio lo conduciría a su extinción. La lluvia ácida que barrió los océanos tras el impacto del meteorito disolvió las delicadas conchas de sus crías y devastó su principal fuente de alimento: el plancton.

Pero, en medio de la ruina, emergió una ejemplo de supervivencia; uno que llegaría a definir la resiliencia frente a la disrupción radical: el pulpo. A diferencia del amonites, la fisiología del pulpo le permite transformarse mucho más rápidamente de lo que sería una evolución clásica. Su cuerpo blando y maleable es capaz de realizar hazañas extraordinarias. Cambia de color en un instante, se desliza a través de huecos aparentemente infranqueables e incluso regenera extremidades perdidas. Su gran y secreta ventaja reside en su capacidad para reconfigurar su ARN, un mecanismo que le permite ajustar su código genético en cuestión de horas. Mientras que la evolución del amonites se medía por un cambio gradual, el pulpo es un maestro de la transformación rápida y continua, y cuando su entorno se sumió en el caos, para prosperar cambió sus procesos biológicos.

Este antiguo drama de extinción y supervivencia ofrece una poderosa metáfora para el panorama empresarial actual. Como los amonites, muchas empresas han hecho evolucionar sus estructuras, rígidas y jerárquicas, optimizándolas para un cambio incremental y predecible. Estas organizaciones prosperaron en épocas donde el crecimiento era constante y los ajustes menores eran suficientes. Pero, en un mundo sometido a disrupciones que llegan con la fuerza de un asteroide, esos modelos rígidos y probados en el tiempo resultan fatales.

Hoy, la inteligencia artificial emerge como el catalizador de un cambio fundamental que redefinirá industrias y economías enteras. ChatGPT, Grok, Gemini y DeepSeek son meramente las primeras escenas introductorias.

La evolución de la IA no es lineal sino exponencial. Es un evento sísmico medible en la escala de Richter. Las pequeñas mejoras porcentuales en el rendimiento de la IA se acumulan rápidamente formando cambios transformadores. En los próximos cinco años, y basándonos en proyecciones lineales, los mejores modelos actuales de IA podrían costar una cienmilésima parte de lo que cuestan hoy. En el 2030, la calidad de los resultados que podríamos observar sería treinta veces superior a la de hoy. En términos prácticos, estas mejoras significarán que tareas antes consideradas inabordables, o demasiado costosas de automatizar, podrán realizarse con una velocidad y eficiencia sin precedentes. Lo imposible e inasequible se volverá factible y barato a una velocidad asombrosa. En solo unos pocos meses, el rendimiento competitivo de la IA en programación ha pasado del percentil sesenta, en comparación con los programadores humanos de élite, a casi la perfección.[1]

Mucho más está por venir. Incluso ahora, la IA tiene capacidades *agénticas*, lo que significa que puede actuar sin intervención humana. Son ya varias las ciudades donde coches autónomos recorren las calles; ese es uno de los primeros grandes ejemplos de un servicio convirtiéndose en *software*. Pronto podremos adquirir casi cualquier servicio de conocimiento como *software*. Dile a tu IA lo que quieres conseguir y cuándo, y esta podrá trabajar con otros agentes (y personas) para gestionar todo lo demás. El paso de ejecutar tareas personales relativamente simples a realizar las operaciones empresariales más complejas no es —en términos tecnológicos— tan grande. Cuando la IA pase de una capacidad notable de pensamiento a una capacidad notable de acción semiautónoma, las posibilidades explosionarán.

El debate sobre la IA a menudo se centra en la superinteligencia artificial: el día en que las máquinas piensen más que cualquier humano. Ese hito, por impresionante que suene, no es el verdadero punto de inflexión. Nosotros, los humanos, dominamos el planeta no porque tengamos el mayor número colectivo de neuronas (una colonia de hormigas gana ese concurso), sino porque coordinamos nuestras acciones a través de la distancia y los siglos. El lenguaje, la cultura y la organización entrelazan los talentos individuales para alcanzar logros compartidos, permitiéndonos construir ciudades, desviar ríos y elevar los estándares de vida generación tras generación. El gran avance de la IA reside en amplificar esa coordinación humana, no en reemplazarla. Los algoritmos ya sobresalen en muchas tareas aisladas. La decisiva ventaja de la IA es la capacidad que tiene para tejer nuestras ideas, planes y decisiones dispersas en una colaboración fluida y en tiempo real. Imagina una red, voluntaria y siempre activa, que extienda la experiencia de cada persona, permitiendo que equipos diversos generen ideas y actúen más rápido de lo que cualquier jerarquía, por sí sola, podría.

Lo que es crucial es que no necesitamos avances de ciencia ficción para desbloquear este potencial. Las herramientas existen hoy. Lo que falta es imaginación organizativa: rediseñar roles, incentivos y salvaguardas para que personas y máquinas puedan pensar juntas a gran escala mientras se preservan la autonomía y la creatividad. Cuando lo logremos, la IA dejará de ser un cerebro central que emite órdenes y se convertirá en un catalizador que permitirá a los individuos lograr juntos lo que nadie ni siquiera podría intentar por su cuenta.

Esa oportunidad, y cómo aprovecharla, es el foco de este libro. El cambio que la IA está impulsando no seguirá una progresión lineal; está escalando en múltiples direcciones y en todas al mismo tiempo. La lección queda clara: las estructuras empresariales rígidas e inflexibles están destinadas a la extinción. Al igual que el amonites, las organizaciones que se aferren a estructuras obsoletas perecerán. Si las organizaciones quieren sobrevivir, deben volverse fluidas como el pulpo... y la feliz ironía que subyace en este libro es que, aunque la IA está forzando esta transformación, también la hace posible.

DE QUÉ TRATA ESTE LIBRO

En los próximos cinco años, la diferencia entre las empresas que integren la IA y aquellas que simplemente experimenten con ella definirá la diferencia entre la supervivencia y la extinción. Este libro aporta los planos para cambiar la naturaleza de tu gestión y organización de suerte que puedas adaptarte, de la mejor manera posible, a un mundo imbuido de inteligencia artificial.

Que quede claro: no estamos hablando de chatbots, aunque sean una pequeña parte del rompecabezas. Cuando hablamos de IA, nos referimos a esa tecnología que respalda decisiones, gestiona la comunicación, simula opciones y permite que grandes cantidades de datos sean filtradas hacia las personas adecuadas en los momentos más oportunos.

Hoy, esta tecnología ya es una realidad, aunque su implementación sea desigual entre organizaciones.

Como líder, no deberías asumir que tu organización será, de algún modo, inmune a las disrupciones que se avecinan con la IA. Tampoco has de esperar que la IA influya de igual manera en todas las empresas y puedas tener el lujo de elegir de un bufé de buenas prácticas. De hecho, la divergencia entre empresas es lo que crea la oportunidad.

La IA es un gigante imparable que acelera a ritmo exponencial. Ahora es el momento de formularnos, y de responder, la siguiente pregunta: «¿Cómo será nuestra empresa dentro de cinco años?». Los cambios que necesitarás hacer requieren tiempo y, si esperas cinco años para empezar, será demasiado tarde.

Existe la tentación de adoptar un enfoque conservador y usar la automatización potenciada por IA para perfeccionar la toma de decisiones y reducir plantilla, aprovechando el tiempo mientras esperas para aprender de los errores de otras empresas. Lo malo es que este enfoque ignora los desafíos que la IA plantea a las organizaciones rígidas y jerárquicas, desaprovechando además las nuevas y mejores formas de gestión que ya permite. La IA va a posibilitar que algunas organizaciones crezcan hasta alcanzar tamaños enormes, al tiempo que permitirá que otras reduzcan su tamaño a proporciones más manejables y se conviertan así en nodos rentables dentro de un amplio ecosistema de socios. «Iaficar» (*AI-ifying*) el actual *statu quo* es un camino hacia la extinción. Tenemos que ser más audaces para valernos de lo que es posible.

Aun considerando todas las incertidumbres reales sobre cómo evolucionará la IA y los riesgos que puede plantear, creemos que existe un camino correcto que seguir. Utiliza la IA para:

► Distribuir y acelerar la toma de decisiones rutinarias.

► Descompartimentar tus funciones y gestión.

► Desarrollar y agudizar tus sentidos respecto de tu entorno competitivo y de tu propia empresa.

Este es el camino para convertirse en una Organización Pulpo™. Tu organización no solo será más resiliente y capaz de adaptarse a cambios externos: también será más inteligente y capaz de experimentar, aprender y asumir riesgos calculados.

POR QUÉ ESCRIBIMOS ESTE LIBRO

Como profesionales de la innovación, hemos dedicado nuestras carreras a guiar a nuestros equipos y a los de nuestros clientes a través de períodos de cambio disruptivo, ayudándolos a que ellos mismos se conviertan en disruptores, desarrollando nuevos productos y tecnologías de vanguardia, identificando grandes oportunidades y creciendo rápidamente en nuevos mercados.

JONATHAN BRILL es el futurista residente (*futurist-in-residence*) de Amazon, presidente ejecutivo del Center for Radical Change y ex futurista global y director de investigación en HP. Forbes lo llama «el futurista líder mundial». Como director de laboratorio de IA, ejecutivo tecnológico y director creativo en Frog Design, sus equipos han desarrollado más de 350 productos y generado decenas de miles de millones de dólares en nuevos ingresos para clientes. Como consultor y asesor de juntas directivas, ha guiado a corporaciones multinacionales y Gobiernos nacionales, así como a empresas tecnológicas punteras que trabajan en IA, defensa, alimentación y manufactura avanzada.

STEPHEN WUNKER es director general de New Markets Advisors, una firma de consultoría global que desarrolla estrategias de crecimiento para empresas (entre ellas 29 de Fortune 500) innovadoras. Pionero en *marketing* y pagos por móvil, lideró el desarrollo de uno de los primeros *smartphones* del mundo. Como colaborador durante muchos años del fallecido Clayton Christensen, el legendario académico de Harvard Business School especializado en disrupción empresarial, Stephen desempeñó un papel clave en refinar y aplicar sus teorías de innovación disruptiva y «trabajos por realizar» (*jobs to be done*). Ha trabajado en múltiples sectores ayudando a grandes organizaciones a identificar importantes oportunidades y avanzar rápidamente sobre ellas a pesar de sistemas heredados o resistencia cultural.

En numerosas ocasiones hemos ayudado a nuestros clientes en sus esfuerzos para navegar a través de transformaciones con IA y, durante ellas, hemos observado dos problemas clave. Primero, el poco consenso existente sobre cómo estructurar y gestionar organizaciones en la era de la IA; algunos argumentan que la IA incentivará, para la consolidación de la toma de decisiones, un equipo central de liderazgo, mientras que otros predicen que incentivará una democratización radical. Ciertos estudios muestran que la IA blinda cualquier estilo de liderazgo presente, ya sea centralizado o descentralizado.[2] En segundo lugar, incluso varios años después del debut de ChatGPT en 2022, los clientes siguen teniendo dificultades para convertir pilotos localizados de IA en transformaciones organizativas más amplias; como resultado, los equipos a menudo ejecutan experimentos superficiales que no conducen a nada. Las organizaciones necesitan abrazar las disrupciones de la IA, no reacondicionarlas en un fútil intento de mantener lo familiar.

La IA y la Organización Pulpo presenta una visión implementable del tipo de organización que mejor está preparada para tener éxito en la era de la IA, ofreciendo herramientas practicas que pueden hacer realidad esa visión. El libro se basa en nuestro trabajo como pioneros y hacedores, así como en profundas conversaciones con más de cincuenta líderes en IA tanto en el mundo académico como en la industria. Estudiamos docenas de organizaciones que están avanzando decididamente en la dirección de la IA; evaluamos más de dos millones de encuestas de empleados, realizadas junto con el equipo de Harrison Assessment; y llevamos a cabo un arduo trabajo de campo para descubrir lo que funciona y lo que no, para separar los hechos del bombo publicitario.

La mayoría de los libros sobre *management* liderado por IA parecen manuales técnicos. Este es diferente: hemos convertido investigaciones revolucionarias en lenguaje sencillo, ilustrándolo con casos del mundo real, mostrando empresas que ya se están reprogramando para un futuro habilitado por la IA, de manera que tu organización pueda actuar con la misma determinación. No asumimos que seas el CEO, pero, estés donde estés en una organización, encontrarás contenido relevante.

TU GUÍA DE TRANSFORMACIÓN

Resumen de la «Transformación con IA»

CAPÍTULO	IDEA CENTRAL	QUÉ APRENDERÁS	EJEMPLO de ACCIÓN ESTRATÉGICA
1. Reimaginar el crecimiento	La IA recombina los costes de trabajo, capital y energía; las curvas de crecimiento se inclinan hacia arriba para los pioneros.	Las cuestiones macro clave que hacen del cambio organizativo habilitado por la IA una necesidad, no un lujo.	Reconsidera tu estrategia y en qué debes sobresalir.
2. Ocho brazos	Empuja decisiones cotidianas hacia equipos de primera línea equipados con IA, liberando a la dirección para centrarse en grandes apuestas.	Cómo delegar la toma de decisiones y juicio sin perder alineación ni coherencia de marca.	Concede a los equipos periféricos acceso a datos, micropresupuestos y bandas de riesgo claras, de modo que las aprobaciones desaparezcan de las rutinas.

3. Collar neural	Crea una comunicación horizontal, unida e íntegra entre equipos.	Cómo trabajar con IA para descentralizar y hacer la información contextual universalmente accesible en tiempo real.	Invierte en un repositorio de datos que dé intuición y percepción personalizada a cada función.
4. Tres corazones	Domina tres modos operativos —analítico, ágil y alineado— y cambia deliberadamente a medida que cambian las condiciones.	Modos de liderazgo que evitan tanto las recaídas hacia el mando y control como la anarquía ágil, desorganizada y libre para todos.	Codifica desencadenantes que pausen el análisis, lancen ráfagas o reconvoquen equipos para recalibraciones culturales.
5. Resiliencia impulsada por ARN	Crea equipos de reescritura rápida que detecten impactos con antelación y actualicen procesos en tiempo real.	Cómo convertir la resiliencia en una capacidad permanente en vez de en caros proyectos de recuperación postcrisis.	Autoriza a equipos multifuncionales a ajustar precios, flujos de trabajo o canales en horas, no en trimestres.
6. Un ser emocional	La cultura cambia cuando reescribes funciones, modificas incentivos y redistribuyes talento.	Cómo superar los problemas de confianza que silenciosamente matan las transformaciones con IA.	Primero, revisa los diseños de puestos y las recompensas; luego, plantea la IA como un acelerador de movilidad profesional.
7. Serendipia estratégica	Aprovecha formas de trabajar que permitan que la IA amase las probabilidades a tu favor.	Modos de tornar la incertidumbre de una amenaza en activo gestionado haciendo de la opcionalidad un KPI medible.	Añade KPI que rastreen el flujo de ideas, colaboraciones diversas y experimentos rápidos con riesgo equilibrado.
8. Tu plan de transformación	Camino detallado para pasar de la visión a la transformación organizativa.	El enfoque paso a paso para gestionar la transformación con IA.	Exige que cada experimento gane su «derecho a escalar» y modela el uso diario de la IA desde el liderazgo.

Este libro está dividido en cuatro partes.

I.   **EL ESTADO ACTUAL Y FUTURO DE LA IA.** El capítulo 1, «Reimaginando el crecimiento en medio de un cambio de calado», describe la situación actual de la inteligencia artificial y la proyecta hacia el futuro, analizando cómo la IA transformará las sociedades y los mercados. Establece el marco a partir del cual emerge la Organización Pulpo.

II.   **ANATOMÍA DE LA ORGANIZACIÓN PULPO.** Los capítulos 2 a 5 presentan los cuatro pilares de la Organización Pulpo, inspirados en los rasgos biológicos del pulpo. El capítulo 2, «Ocho brazos», expone un modelo de toma de decisiones distributiva que empodera al personal de primera línea para asumir una mayor iniciativa y actuar de manera más estratégica, revolucionando el papel de la dirección intermedia. El capítulo 3, «Collar neural», describe nuevos medios de comunicación que mantienen alineadas todas las partes de la organización. El capítulo 4, «Tres corazones», desarrolla un estilo de liderazgo multicanal que se ajusta a los rápidos cambios de prioridades, retos y fuerzas del mercado. Finalmente, el capítulo 5, «Resiliencia impulsada por ARN», explica cómo tu organización puede detectar amenazas externas de manera más eficaz y rápida, al tiempo que democratiza la experimentación para seguir expandiendo los límites de lo posible.

III. **IMPLANTANDO LA CULTURA ADECUADA.** No basta con cambiar la estructura de tu organización. El éxito depende de la confianza que construyas con tus empleados. Ganarse esa confianza requiere de un cambio cultural, de una disposición organizativa generalizada a abrazar lo desconocido y abandonar modos de trabajo familiares. En el capítulo 6, «Un ser emocional», ofrecemos estrategias prácticas —basadas en lo que hemos aprendido de millones de encuestas de desarrollo profesional— para fomentar una cultura que abrace el cambio. El capítulo 7, «Serendipia estratégica», resalta un beneficio aparentemente contraintuitivo de las organizaciones pulpo: hábitos y herramientas que incrementan la «suerte» y favorecen las probabilidades a favor del éxito.

IV. **COMIENZA TU VIAJE.** Finalmente, y de manera crítica, en el capítulo 8, «Tu plan de transformación», te proporcionamos los pasos concretos que debes dar para elaborar tu plan de transformación y ponerlo en marcha. Si solo lees un capítulo, asegúrate de que sea este.

La marea ha cambiado. Las organizaciones que dominen el futuro serán aquellas que se liberen de sus conchas y naden con los pulpos. Comenzaremos en el capítulo 1 trazando la trayectoria de la IA en los próximos cinco años: el tiempo del que dispones para reestructurar tu empresa antes de que llegue el verdadero cambio de calado.

¿Listo? Sumérgete con nosotros.

I. EL ESTADO ACTUAL Y FUTURO DE LA IA

CAPÍTULO 1

REIMAGINANDO EL CRECIMIENTO EN MEDIO DE UN CAMBIO DE CALADO

Las pequeñas innovaciones conducen a grandes transformaciones

La IA será la tecnología más transformadora del siglo XXI. Afectará a todas las industrias y a todos los aspectos de nuestras vidas.
JENSEN HUANG

Newton, Kansas, 1884. Un telégrafo repiquetea a través de las praderas: «NO. 1 ENG. 23 SE ENCONTRARÁ CON EL SEGUNDO 2 ENG. 30 EN NEWTON». El personal del tren en Newton se pone en marcha y detiene un vagón cargado de madera con destino a Chicago mientras el expreso de las 19:15 a Los Ángeles continúa su viaje vespertino. Segundos después, el vagón de madera retoma su camino hacia el este. Esta escena se repite cientos de veces cada hora en todo Estados Unidos: una red de despachadores y jefes de estación coordinando cientos de kilómetros de movimiento utilizando solo código Morse y relojes sincronizados.

Para operar a la velocidad del telégrafo, las compañías ferroviarias no solo construyeron vías. Construyeron un sistema de gestión. Ese sistema asumía tres cosas:

▶ **Sin retroalimentación en tiempo real.** La mayoría de los trabajadores no tenía comunicación bidireccional. Su única guía eran un horario y un reloj de bolsillo.

▶ **Sin espacio para el juicio.** Los trabajadores no estaban formados en la toma de decisiones. Seguían reglas rígidas porque carecían de contexto.

▶ **Sin visibilidad sobre el impacto.** Las decisiones tomadas sobre el terreno no se coordinaban ni se simulaban en términos de efectos sistémicos. Eran acciones aisladas dentro de una cadena lineal.

Los ferrocarriles se gestionaban de arriba abajo. Los despachadores planificaban y las cuadrillas ejecutaban. Las reglas, no los reflejos, llevaban la batuta. Ese modelo de «centro y radios» se escaló; se convirtió en la estructura por defecto de la empresa industrial y así es como operan la mayoría de las organizaciones. Pero los supuestos fundamentales que sustentan este modelo se están derrumbando.

Vayamos a Topeka, justo en esa línea desde Newton, al año 2030. Una *startup*, T-Town Treats (dulces), ha transformado un almacén abandonado en un banco de pruebas para alimentos congelados innovadores. El equipo de investigación depende de asistentes de IA que analizan la comunicación organizacional, extraen datos en tiempo real y simulan consecuencias de segundo orden para desarrollar nuevos prototipos de productos; el equipo de *marketing* usa agentes IA para anticipar tendencias, sugerir nuevos sabores, rediseñar envases y finalizar *copies* publicitarios; Operaciones utiliza IA para gestionar la cadena de suministro. Todos pueden percibir, coordinar y actuar con rapidez. Pronto, la *startup* se convierte en el eje de la industria láctea local. Jane Jensen trabaja en T-Town Treats; lleva las gafas puestas todo el día, pero no para corregir su visión: esas gafas son su puerta de acceso a la IA. Cuando tiene preguntas, las formula en voz alta y micrófonos incrustados en las gafas transmiten su consulta a la nube; en milisegundos, la IA examina no solo los datos de mercado de la empresa y la correspondencia interna, sino también volúmenes de buenas prácticas de gestión extraídas del mundo en general. Pequeños altavoces cerca de sus oídos resumen los hallazgos y una pantalla proyectada en las lentes muestra los detalles clave. Su agente de IA, personificado dentro del sistema, «Bill», conoce la información más relevante para Jane y los cambiantes contextos donde opera. «Bill» la conecta, dentro de la organización (con las personas y el *software* adecuado) para que pueda tomar decisiones rápidas y flexibles en el momento preciso.

Si el ferrocarril inventó la empresa moderna, la IA está a punto de reinventarla. Tal y como el telégrafo permitió nuevas estructuras de tiempo, confianza y control, la IA remodelará cómo asignamos «actuabilidad» (*agency*), coordinamos cruzando límites y aprendemos de señales débiles. Rehará las normas de la gestión organizacional.

Esto no es ciencia ficción. Las tecnologías fundamentales ya están aquí, así como la presión por utilizarlas. El desafío no es tecnológico, es sociológico. ¿Con qué rapidez se pueden adaptar las organizaciones humanas? Y, puesto que ya no resulta suficiente mantener el ritmo, debemos redefinir aquello que es posible. Los cambios demográficos, el aumento de los costes del capital y las limitaciones energéticas —entre otras disrupciones— están transformando el panorama económico. Necesitamos herramientas potentes para impulsar la eficiencia y la fluidez estratégica.

La IA es a la vez disruptor y herramienta de navegación por la disrupción. Para sacarle partido, se debe reimaginar la forma en la que se gestiona la empresa.

LOS VIEJOS MOTORES DEL CRECIMIENTO ESTÁN BAJO PRESIÓN

Sabemos que la transformación organizacional es difícil y debería evitarse si el *statu quo* se puede mantener, pero vivimos tiempos de cambio acelerado. Para prosperar, las organizaciones deben aumentar su velocidad y adaptabilidad. Si solo se mantienen a flote, acabarán ahogándose.

El gran disruptor no es solo la IA. Es una combinación de, al menos, cuatro tendencias distintas que se le agregan: la reducción del talento disponible, mayores costes de capital, fragilidad del suministro energético y geopolítica inestable. Como las olas gigantes que se forman cuando vientos, mareas y corrientes oceánicas colisionan e interactúan, la combinación de fuerzas puede «volcar» cualquier empresa diseñada para aguas tranquilas. Los líderes que detecten la cresta pronto y sean capaces de cabalgarla avanzarán con rapidez, mientras que otros barcos quedarán anegados.

Ninguna empresa puede surfear todas las olas gigantes, pero sí puede leer las corrientes y evitar recibir un golpe de costado, y esa habilidad es la ventaja. Echemos un vistazo más de cerca a cada una de esas cuatro tendencias.

Escasez de trabajadores

Para 2030, en los países industrializados del G7, se prevé que la población en edad de trabajar se reduzca un 5 %. A medida que caigan las tasas de natalidad y aumenten las poblaciones jubiladas, el conjunto de talento disponible disminuirá. Las organizaciones se ven obligadas a preguntarse: ¿cómo podemos hacer más con menos? La respuesta es *aprovechando la IA para automatizar tareas rutinarias y liberar a los trabajadores cualificados para desempeñar funciones de más valor.* Los líderes pueden prepararse desde ahora abordando las previsibles carencias en capacidades antes de que estas afecten a la ejecución. Siemens, por ejemplo, está utilizando grandes modelos de lenguaje para codificar el conocimiento de maquinistas veteranos en procedimientos operativos estándar; al hacer que el conocimiento vital sea accesible justo cuando se necesita, reducen el tiempo de incorporación de nuevos empleados de dieciocho a ocho meses. Esto amplía el conjunto de talento que Siemens puede considerar para un puesto concreto y reduce los costes de formación.

Se ha puesto de moda decir que la IA solo incrementará lo que los empleados pueden hacer actualmente y apenas tendrá un mínimo impacto en la demanda de mano de obra; esto es una ficción complaciente. Aceptemos la realidad: la IA cambia de manera fundamental dónde se emplea mejor el trabajo de las personas; esto no significa necesariamente el fin del empleo, pero sí que va a alterar la naturaleza del trabajo en la mayoría de los puestos de muchos sectores. Esto implica que tenemos que cambiar nuestra forma de pensar respecto de qué habilidades serán necesarias en el lugar de trabajo del futuro y cómo la IA puede ayudar a salvar esas brechas.

Restricciones de capital

Entre 2020 y 2024, el rendimiento de los bonos del Tesoro de EE. UU. a diez años fluctuó entre el 0,52 % (agosto de 2020) y más del 5,0 % (octubre de 2023), niveles nunca vistos desde principios de la década de 2000. Cada subida de 50 puntos básicos, en las tasas de interés, puede reducir el valor presente neto de un proyecto de inversión a cinco años en aproximadamente un 2,5 %. Con este nivel de incertidumbre financiera, las empresas deben replantearse cómo asignan sus fondos, potencialmente reduciendo las apuestas a largo plazo que inmovilizan inversiones y buscando maneras de hacer que el gasto operativo sea más flexible. La IA puede ayudar agilizando procesos, mejorando la eficiencia y permitiendo asociaciones externas más ajustadas.

Energía e infraestructuras

Detrás de cada avance en IA hay una vasta red de centros de datos y recursos computacionales. Estos sistemas son voraces y exigen cantidades inmensas de energía que tensionan las redes eléctricas. Para 2030, los centros de datos podrían representar hasta el 20 % del total de la demanda mundial de energía.[4] A medida que los centros de datos se conviertan en elementos cada vez más críticos de las operaciones empresariales, su ubicación y su eficiencia se transformarán en factores clave de competitividad. Dado el largo horizonte temporal tanto para establecer centros de datos como para expandir la capacidad de la red, tu organización estará bajo presión para utilizar la potencia informática existente de maneras más eficientes. En un sentido más amplio, la carrera de la IA está ejerciendo mayor presión sobre nuestros sistemas energéticos. El acceso a fuentes de energía asequibles y fiables será cada vez más limitado, salvo que se realicen inversiones a gran escala en expansión de redes y electrificación.

Dinámicas geopolíticas

El orden económico existente desde el final de la Segunda Guerra Mundial está cambiando. Los controles de exportación, las restricciones de talento y las presiones competitivas están fragmentando los ecosistemas tecnológicos. Las empresas deben lidiar con políticas y regulaciones que influyen no solo en dónde obtienen componentes, sino también en cómo acceden a datos y talento críticos. A medida que el proteccionismo continúa en aumento, las organizaciones deben incorporar resiliencia en sus cadenas de suministro y considerar la geopolítica como parte de su acción estratégica.

La turbulencia, siempre que te adaptes, no tiene por qué ser perjudicial para tu negocio. Para los líderes, el reto consiste en transformar estas limitaciones en oportunidades. Más que una solución temporal, la IA es la columna vertebral de una nueva estrategia.

LA IA COMO EL NUEVO CAMINO
HACIA EL CRECIMIENTO

La IA no es simplemente otra actualización de *software*; ofrece una reimaginación radical del crecimiento. En lugar de limitarse a acelerar y automatizar tareas existentes, la IA reequilibra trabajo, capital y energía, los insumos tradicionales del crecimiento. Con menos trabajadores disponibles y unas inversiones de capital bajo un escrutinio más estricto, la IA puede desbloquear nuevas fuentes de productividad, transformando centros de costes rígidos en operaciones fluidas, impulsadas digitalmente, que permiten a las empresas hacer más con menos.

Considera el enfoque de Procter & Gamble en una de sus instalaciones en Berlín.[5] Al integrar un sistema de sensores impulsados por IA en sus líneas de producción, la calidad se supervisa de forma continua en lugar de por lotes. Esto no solo mejora la producción y reduce el desperdicio, sino que también libera a los empleados para realizar tareas menos repetitivas y de mayor valor. La IA convirtió un centro de costes en un motor de beneficios al liberar trabajo y recursos para actividades más productivas.

La IA ya es una necesidad competitiva y lo será cada día más. La analogía con el auge de Internet es evidente. A mediados de la década de 1990, muchas empresas hicieron intentos tímidos de adaptación, como colocar material de ventas en sitios web (diabólicamente feos); sin embargo, con el cambio de milenio, se lanzaron a toda prisa a poner en marcha nuevos negocios y modelos operativos impulsados por Internet. Se apresuraron porque la competencia les forzaba la mano. Por supuesto, se malgastó mucho dinero durante esa carrera y muchos nuevos actores lograron aun así perturbar a los veteranos más lentos. Es mucho más saludable llevar a cabo una transición plurianual y por fases hacia nuevos modelos, por lo que el momento de planificar tu transición a la IA es ahora mismo.

Los saltos hacia delante habilitados por la IA estarán acotados por restricciones y las empresas competirán en su capacidad para superarlas.

Los sistemas de IA más sofisticados, por ejemplo, requieren una capacidad de cómputo significativa; a medida que escalan, exigen *hardware* cada vez más eficiente y una gestión más inteligente de los recursos. Otra restricción es más importante: la capacidad de una organización para cambiar.

Entonces, ¿qué puede hacer la IA por ti y tu equipo en un futuro próximo? No empieces por la tecnología, empieza por el valor. Plantéate tres preguntas sobre cómo tú y tu gente pasáis los días:

— **¿Qué no harán los humanos?** En esta categoría, considera el trabajo de bajo valor, ignorado o imposible de escalar. La IA no siempre puede hacer milagros, pero a menudo es mejor que nada. Por ejemplo, los sistemas de selección de candidatos basados en IA tienen defectos y potencial de sesgos sistematizados, pero, cuando se usan de manera responsable y con supervisión humana, pueden ayudar a las empresas a ampliar la variedad y la calidad de los candidatos que evalúan, actualizando procesos de contratación que quizá no hayan cambiado en décadas. Unilever, por ejemplo, utiliza IA para analizar vídeos de entrevistas de candidatos y evaluaciones basadas en juegos, reduciendo los tiempos de contratación en un 75 % mientras mejora la calidad de los candidatos.[6]

— **¿Qué no deberían hacer los humanos?** Esto podría incluir tareas rutinarias, propensas al error o sensibles en materia de privacidad. La IA será aceptable para un amplio número de tareas en los próximos dos o tres años, del mismo modo que ya es excelente en funciones como atender consultas rutinarias de atención al cliente *online*. Por ejemplo, los jefes de proyecto y mandos intermedios pierden horas de su día en reuniones de alineación; hoy, Zoom, Microsoft y Otter proporcionan asistentes digitales capaces de sintetizar conclusiones de las reuniones, esbozar los próximos pasos acordados y destacar cuestiones no resueltas. Antes, un miembro del equipo debía encargarse de estas tareas y —seamos honestos— la mayoría de los equipos prescindían de ellas. Aunque los resultados de los asistentes digitales distan hoy de ser perfectos, aportan al menos cierto valor por una fracción del tiempo y el coste.

— **¿Qué no pueden hacer los humanos?** Los humanos no pueden realizar reconocimiento continuo de patrones a una escala sobrehumana. En términos prácticos, la capacidad de la IA para retener y procesar datos de forma iterativa está limitada más por la economía que por la tecnología. Dale suficiente potencia de cómputo y superará los límites físicos de la cognición humana de formas inesperadas y no intuitivas. Por ejemplo, los equipos de anatomía patológica digital utilizan escáneres de portaobjetos de gran potencia y algoritmos de IA tanto para detectar posibles anomalías cancerosas en muestras de tejido como para rastrear millones de imágenes, de suerte que estén disponibles para su visualización remota. Los patólogos altamente cualificados siguen siendo necesarios para revisar los resultados y juzgar los casos potenciales, pero ahora lo hacen desde la comodidad de sus oficinas en casa. La patología digital reduce significativamente los cuellos de botella de talento e infraestructura para los proveedores sanitarios, permitiendo a equipos más pequeños ofrecer una mejor atención a más pacientes.

Es a la vez emocionante e inquietante pensar en cómo la superinteligencia artificial cambiará nuestra sociedad y nuestra forma de trabajar. Esa tecnología llegará en algún momento, pero tu organización debería priorizar un referente distinto. Pregúntate, en los próximos dos años:

► ¿Dónde serán los sistemas habilitados por IA obviamente más rápidos, mejores y más baratos que tus procesos actuales?

► ¿Qué puede automatizarse o aumentarse por el 20 % del actual coste de mano de obra intensiva?

► ¿Qué cuestiones para las que no tienes capacidad puede abordar la IA?

La IA no necesita ser perfecta para ser útil: solo tiene que ser mejor que lo que haces ahora. Al mismo tiempo, se está desarrollando a tal ritmo que necesitamos adelantarnos y correr hacia donde va a caer la pelota, si queremos llegar a tiempo.

¿CUÁNTO TIEMPO TE QUEDA?

Los escépticos siguen murmurando que la IA no ha estado a la altura de las expectativas. Eso es como juzgar un huracán por sus primeras gotas de lluvia. Bajo la superficie, las capacidades de la IA se duplican cada pocos meses mientras sus costes de despliegue se desploman. Muchas de las tecnologías centrales del futuro están en desarrollo y aún no están bien integradas. En el momento en que esas herramientas pasen de «piloto» a «plataforma», la brecha entre pioneros y rezagados se tornará un abismo.

Los desarrolladores con los que hemos hablado en empresas manufactureras tradicionales informan de un aumento del 15 al 20 % en la eficiencia de la programación. Líderes en gigantes como Amazon hablan de mejoras de hasta el 70 % en procesos. Gran parte de esto se debe al *vibe coding*, en el que los usuarios dan a la IA una idea general de lo que buscan lograr y luego se sientan mientras la IA realiza la investigación, reúne las bibliotecas de código y ajusta las API y los MCP (interfaces de programación de aplicaciones y protocolos de contexto de modelos, que permiten que un *software* funcione con otro). Con esta técnica, la IA está pasando de limitarse a proporcionar información a utilizar las mismas herramientas que despliegan científicos, estadísticos e ingenieros humanos para probar y corregir su trabajo.

Conforme la IA mejore su capacidad de mantener conversaciones en lenguaje natural con personas sin conocimientos de programación, será cada vez más útil para escribir *software* que les ayude a realizar tareas. Las habilidades de programación son cada vez menos una barrera para la adopción a gran escala de la automatización.

Más allá de la programación, las herramientas impulsadas por IA están transformando la manera en que las empresas capturan y despliegan conocimiento. Innovaciones e ideas desarrolladas en una función o geografía pueden hacerse visibles en toda la organización gracias a herramientas de transcripción e informes personalizados.

La plataforma LakehouseIQ de Databricks, por ejemplo, utiliza IA para integrar los *data lakes* empresariales; esto permite a las organizaciones consultar una variedad de fuentes de datos mediante lenguaje natural. De manera similar, Microsoft ha combinado Copilot y Viva Topics para extraer datos de Outlook, Teams, SharePoint y OneDrive, ofreciendo resultados de búsqueda contextuales y resúmenes autogenerados. A medida que estos sistemas proliferan, la pregunta urgente ya no es cuál deberías adoptar, sino cómo puedes utilizarlos para responder a las necesidades específicas de tu organización. La IA ya está pasando de ser una herramienta de *brainstorming* que responde preguntas simples a una capaz de afrontar desafíos mucho más complejos. Por ejemplo, tanto Deepinvent como DeepMind ya cuentan con «cocientíficos» de IA que formulan hipótesis, investigan literatura científica y normativa, y redactan solicitudes de patentes; otras herramientas, que pronto se integrarán, recomendarán posibles vías de aprobación de patentes basándose en el historial específico de examinadores de patentes.

Existen muchas cuestiones que requieren de la visión y el conocimiento de asesores de primer nivel. Aunque los mejores humanos puedan seguir superando a la máquina, la IA puede ofrecer un nivel de especialización «suficientemente bueno» a personas que antes no tenían ni el dinero ni el tiempo para acceder a ello. Consideremos el campo de la simulación de procesos: las organizaciones que operan en mercados competitivos, caracterizados por apuestas altas e incertidumbre, suelen utilizar análisis multivariantes complejos y la teoría del juego para mapear escenarios. Fondos cuantitativos pueden hacer *stress-tests* de potenciales posiciones; un gigante energético puede modelar los efectos secundarios de adquirir un competidor más pequeño. Históricamente, este tipo de análisis estaba fuera del alcance de todos salvo de las mayores corporaciones; hoy, incluso estudiantes de secundaria pueden realizarlos.

La IA también está reinventando la planificación de proyectos. Puede absorber los insumos de cientos o miles de usuarios, considerar factores externos y mejores prácticas, y ponderar implicaciones de segundo y tercer orden para compensar riesgos y optimizar el éxito.

Actualmente, la IA está limitada por el universo de datos públicos disponible, que en gran medida ya ha sido ingerido. Pero eso representa apenas un 1 % de los datos que existen. La IA ya está pasando de ser un programa que simplemente consulta una base de datos, como lo hacía históricamente ChatGPT, y ahora puede buscar en Internet, dialogar con otros agentes de IA y luego coordinar consultas en sus bases de datos. Puede además acceder a otros modelos de IA con diferentes datos y todo esto dará lugar a capacidades dramáticamente mejoradas. La *agentic AI* lleva esto algunos pasos más allá, ya que toma acciones automatizadas en función de la información encontrada.

Para la década de 2030, tu organización podrá utilizar IA para realizar un análisis de mercado de un nuevo producto de electrónica de consumo, llevar a cabo el 80 % del trabajo de ingeniería eléctrica y mecánica, negociar el precio de los materiales y colaborar con socios para acordar los puntos de un contrato sobre componentes y procesos. Ahora imagina hacer todo eso en días en lugar de en un año. ¿Cuán flexibles se volverán las industrias? ¿Con qué rapidez se producirá el cambio?

LOS SEIS OBSTACULOS QUE DICTAN TU VELOCIDAD

Incluso un pulpo depende, para cambiar de color, de lo rápido que respondan las células de su piel a las señales. La buena noticia es que, si comprendes dónde te ralentizará la tecnología, puedes priorizar acciones que te coloquen por delante en los lugares correctos y en los momentos oportunos. Haz un seguimiento de estas seis tendencias y sabrás por dónde debes avanzar y dónde conviene ser paciente.

Madurez del *software* de IA

Las grandes ideas precisan consolidacción. Si bien ChatGPT se lanzó por primera vez en noviembre de 2022, su arquitectura de transformadores subyacente apareció en *arXiv* en junio de 2017.[7] Por lo general lleva de tres a cinco años transformar un *software* desde la investigación, pasando por el ajuste de la cadena de herramientas y la calibración de seguridad, hasta tornarlo un producto empresarial. Hay que esperar unos años de desfase entre los grandes anuncios de hoy y los agentes colaborativos que planifiquen, negocien y ejecuten dentro de las empresas, y aún más entre ellas. Fíjate en la experiencia de Allianz con Insurance Copilot: Allianz inició una prueba de concepto para una herramienta generativa de ayuda en reclamaciones de siniestros a finales de 2023. Solo tras un año de registros de auditoría, flujos de respaldo y controles con humanos en el circuito, se lanzó a los equipos de reclamaciones de automóviles en Austria.[8]

Ventaja frente a la nube

La información vive donde nacen los datos. Armados con GPU de NVIDIA, los nuevos ordenadores industriales de Siemens llevan una inferencia de IA veinticinco veces más rápida al taller de producción. Las cámaras ahora detectan defectos en milisegundos, sin desvíos a la nube.[9] Aunque sorprendentes, estos productos no surgieron de la noche a la mañana; fueron el resultado de dieciocho a veinticuatro meses de desarrollo. Incluso los fabricantes más avanzados en IA necesitarán algunos años más para readaptar sus plantas y utilizar esta tecnología a gran escala.

5G privadas y redes industriales

Los agentes en enjambre no pueden coordinarse con un wifi débil. Siemens y Qualcomm instalaron, en un entorno industrial en el Nuremberg Automotive Test Center, la primera red 5G independiente privada, en 2019.[10] Desplegar una cobertura similar a nivel de campus todavía requiere unos dos años por emplazamiento, una vez tenidas en cuenta las autorizaciones de espectro, la certificación de dispositivos y las superposiciones de confianza cero. La próxima generación de redes espaciales y 6G no estará disponible hasta la década de 2030.

Huella de centros de datos y energía

Computar no es nada sin electrones. Dominion Energy detuvo nuevas conexiones de centros de datos en el condado de Loudoun, Virginia, en 2022; se ha planificado una actualización de transmisión de 500 kV, pero no se resolverá hasta 2026.[11] Incluso las «soluciones rápidas» son lentas. S & P Global informa de plazos de entrega de turbinas de gas de hasta siete años, debido a la demanda impulsada por la IA.[12] Si tu hoja de ruta necesita megavatios adicionales, colabora con un *hyperscaler* (un proveedor de infraestructura en la nube como Amazon Web Services) y comienza hoy mismo con el proceso de permisos. O diseña una estrategia que lleve el cómputo al límite, es decir, a los lugares donde están los humanos, donde es más difícil regular la demanda de energía.

Velocidad humana e institucional

La actualización de código más lenta de todas es la cultura humana. Lleva años conseguir que las plantillas incorporen nuevas tecnologías a sus rutinas diarias, y aún más para que las prácticas de gestión las aprovechen al máximo. Ya vemos una adopción desigual de la IA en el ámbito empresarial.[13] Las disparidades en la madurez de la IA entre organizaciones no harán más que crecer a medida que el progreso tecnológico se acelere. Puedes cerrar parte de esa brecha garantizando que se pueda confiar en las herramientas de IA, que los equipos de primera línea las integren en sus tareas diarias y que los directivos sean capaces de evaluar la calidad de los «centauros» (*outputs* IA-humano).

Deuda organizativa

A través del tiempo, las organizaciones toman decisiones, reestructuran y cambian procesos de forma que resuelven problemas a corto plazo pero crean cuellos de botella, ineficiencias y debilidades culturales a largo plazo.[14] Estas se acumulan como una placa que se adhiere a cada decisión o acción dentro de la organización. Las latencias creadas por capas de gestión pueden aislar a los equipos que detectan cambios de aquellos que autorizan las respuestas. La IA empeora la situación cuando el cambio rápido lleva a los equipos a priorizar las victorias inmediatas sobre los objetivos a largo plazo, pero también puede ayudar a las empresas a reducir la deuda organizativa al revelar ineficiencias, mejorar la transparencia de las decisiones, derribar silos y acelerar las aprobaciones.

Lo que la IA no puede hacer (aún) es facilitar el delicado proceso de delegar la autoridad para la toma de decisiones y eliminar capas de gestión. Esas son decisiones políticas, no técnicas. El tiempo necesario para deshacer la deuda organizativa depende de cuánto se haya acumulado, pero cabe esperar que un esfuerzo concertado tarde muchos meses, como mínimo.

La tecnología ya está aquí, el calendario en el que puede escalar está relativamente definido y las interdependencias se comprenden bien, aun si el capital, la energía, la infraestructura y la geopolítica las condicionaran. Ya decidas liderar o seguir de cerca, es vital eliminar obstáculos antes de que surja la siguiente ola de oportunidades. El futuro se acerca rápido y te vas a encontrar compitiendo con empresas nativas de IA que nunca tuvieron que tomar esta decisión.

Para empezar, pregúntate:

► ¿Dónde deberías usar estas tecnologías para mejorar procesos?

► ¿Dónde las usarás para hacer cosas nuevas?

► ¿Cómo separarás lo que ya has hecho de lo que harás después?

Factores de bloqueo de la IA
(AI gating factors)

	Tiempo estimado de resolución
Madurez del *software* de IA	36–60 meses
Ventaja frente a la nube	18–24 meses
Redes privadas 5G e industriales	24 meses
Puesta en marcha de centros de datos e infraestructuras	60–120 meses
Velocidad humana e institucional	6–36 meses
Superación de la deuda organizativa	6–36 meses

Tres razones por las que no vemos el futuro

La práctica habitual de gestión es centrarse en lo que se puede controlar e ignorar el resto. El problema de este enfoque es que el mundo está en constante cambio y, cuando el mundo cambia, lo que puedes controlar también cambia. Por eso resulta muy útil tener una imagen de cómo competirás en un futuro nuevo y diferente.

Aunque gran parte del futuro no se pueda conocer, puedes determinar más de lo que imaginas, siempre que tengas un proceso. Tres preguntas clave pueden ayudar a tu organización a vincular los conocimientos de hoy con la estrategia ganadora de mañana.

1. ¿Estamos usando binoculares en lugar de radar?
Es fácil concentrarse en exceso en los indicadores clave de rendimiento (KPI), las tácticas, los informes trimestrales de resultados y los objetivos de los analistas. Cuando te concentras en las métricas de rendimiento, asumes que tus me-

tas siguen siendo válidas. Las métricas nos dirigen hacia hechos convenientemente disponibles sin considerar qué pueden significar cuando se miran en un contexto nuevo. Esto es especialmente cierto en organizaciones enfocadas en la eficiencia que dependen en gran medida de técnicas de gestión como Six Sigma.

¿Describe esto el enfoque de tu organización? Si es así, la IA puede ayudarte a reflexionar sobre escenarios más amplios y a considerar efectos de segundo orden.

2. ¿Sufrimos el problema del elefante?

Como los proverbiales ciegos que tocan un elefante pero no logran identificar qué es, hay momentos en los que todos tienen algunos datos pero nadie posee toda la información ni está incentivado para pensar en la visión general. Uno toca el colmillo y dice que es una lanza; otro toca el costado y cree que es una pared; un tercero toca la trompa y afirma que es una serpiente. El fenómeno es especialmente cierto en organizaciones muy matriciales y en empresas con múltiples divisiones.

Si esto describe a tu organización, la IA puede ayudar buscando información a través de toda la empresa, poniéndote en contacto con las personas adecuadas y, en general, proporcionando contexto sobre las implicaciones de tus decisiones.

3. ¿Estamos luchando la última guerra?

Cuando las organizaciones tienen tácticas arraigadas, que funcionaron en el pasado, a menudo se ciegan frente a cambios de contexto que desafían supuestos previos. Esto es particularmente cierto en empresas familiares o altamente reguladas.

¿Es ese tu caso? Si lo es, la IA puede ayudarte a superar tus sesgos para que veas cuándo han cambiado las oportunidades y también cuándo deben cambiar tus capacidades.

Cómo la IA cambia empresa y posibilidades: la historia de Afførd

A lo largo de los seis primeros capítulos de este libro, seguiremos la historia de una empresa que integra la IA de formas que conducen a una transformación radical. El negocio es ficticio, pero está basado en un compendio de empresas reales. Como IKEA o Ethan Allen, «Afførd» es un fabricante de muebles integrado verticalmente que opera fábricas propias, almacenes y tiendas minoristas. A medida que desgranemos la *octopus organization*, veremos cómo Afførd incorpora características para cambiar la manera en que se gestiona el trabajo, se fomenta la innovación y se construye y ejecuta la estrategia.

Por ahora, considera las formas en que la IA podría cambiar la estrategia y las operaciones de Afførd. Históricamente, la empresa ha enfatizado la escala para hacer que sus procesos sean lo más eficientes posible, obligando a los clientes a elegir entre una gama reducida de productos dentro de cada categoría. Está verticalmente integrada, controla estrechamente el nivel de inventario en la producción y distribución, y demanda exclusividad en sus tiendas minoristas. Esta integración permite a Afførd evitar los costes generales y el tiempo que otros gastan negociando con proveedores externos.

La IA cambia la lógica empresarial. En las fábricas, las líneas de producción tienen mucha mayor flexibilidad y pueden producir piezas en diferentes formas y tamaños. La tecnología facilita enormemente la formalización de contratos con fabricantes y proveedores externos, reduciendo los costes generales de aprovisionamiento. Ayuda a gestionar los niveles de inventario en toda la cadena de suministro, manteniendo la eficiencia sin importar quién produzca los bienes. El *marketing* habilitado por IA llega a los clientes a través de Internet justo cuando están listos para comprar, mostrándoles cómo quedarían los productos en sus propios hogares. En resumen, la IA desafía el modelo de negocio de gran volumen e integración vertical de Afførd. La IA permite a los compradores personalizar sus muebles, investigar un abanico mucho más amplio de alternativas y utilizar los canales digitales de ventas y *marketing* en un grado significativamente mayor. Dado el tiempo necesario para realizar inversiones y construir capacidades, si Afførd no reconoce y actúa con rapidez ante estos cambios fundamentales, no tendrá la oportunidad de ajustarse una vez que la base de la competencia se haya desplazado. La disrupción será ingente.

ENTRA AL PULPO

Tu organización se enfrenta a un mundo que avanza más rápido y es menos predecible que nunca. La IA, tanto contribuye a la incertidumbre como ayuda a protegerse contra ella. Para aprovechar plenamente sus oportunidades, debe integrarse en la estructura organizativa y en las prácticas de gestión de manera que se aprovechen al máximo sus fortalezas. Así es como se transforma uno de amonites en pulpo.

En los capítulos siguientes, esbozamos las características clave de una organización pulpo mostrando cómo funcionan, cómo puedes modelarlas y quiénes ya las han adoptado. Comenzamos en el capítulo 2 con la característica más distintiva y transformadora de la IA: sus sistemas distribuidos de toma de decisiones.

RESUMEN DEL CAPÍTULO

La IA no es simplemente otra actualización de IT (*information technology*). Es un cambio fundamental. En medio de presiones como la escasez de mano de obra, el aumento de los costes de capital y las tensiones geopolíticas, permite a las organizaciones reimaginar el crecimiento. El impacto de la IA dependerá de la rapidez con que las empresas se adapten, cultural y estructuralmente, para integrarla en el núcleo de su modelo operativo.

Para mantenerse por delante, los líderes deben comenzar sus viajes de transformación hoy.

II. ANATOMÍA DE LA ORGANIZACIÓN PULPO

CAPÍTULO 2

OCHO BRAZOS

Eleva los equipos de primera línea y reinventa la gestión distribuyendo las decisiones

Si fuese tú, me llamaría Nosotros.
OGDEN NASH. *The Octopus* (poema)

Los humanos perciben el mundo que los rodea, deciden si necesitan actuar y, luego, se mueven de acuerdo con las señales que reciben y procesan en sus cerebros. El pulpo hace las cosas de forma diferente. Tiene nueve cerebros: un cerebro central y un cerebro más pequeño en cada uno de sus ocho brazos. Sorprendentemente, dos tercios de sus neuronas están fuera de su cerebro central. Cada cerebro puede procesar estímulos y trabajar de forma independiente o con los otros grupos neuronales; los nueve cerebros conforman una sola mente. Del mismo modo, la IA otorga a todos los nodos de una organización la capacidad de monitorizar lo que ocurre en ella, habilitando nuevos métodos de toma de decisiones y coordinación.

LA NIEBLA DE GUERRA

Hasta mediados del siglo xix, los Ejércitos europeos estaban formados por regimientos altamente entrenados que combatían hombro con hombro en formaciones estrechamente coordinadas. Cada regimiento vestía uniformes de colores distintivos y portaba grandes estandartes, no solo por ostentación, sino para facilitar a los oficiales superiores diferenciarlos entre sí. Observando el campo de batalla desde una distancia segura, esos oficiales transmitían órdenes a un séquito de mensajeros que cabalgaban dentro y fuera de la acción. Evidentemente, la situación en el terreno cambiaba a menudo antes de que los mensajeros pudieran entregar sus órdenes (si es que lograban llegar al frente) y los regimientos eran casi imposibles de «dirigir». Una vez que los soldados empezaban a avanzar en una dirección, su destino quedaba sellado.

Sobre la base de sus experiencias durante las guerras napoleónicas, Carl von Clausewitz acuñó el término «niebla de guerra», un estado de extrema incertidumbre que afectaba a cada decisión y acción en la batalla.[15] Mitigar esa incertidumbre requería de una planificación meticulosa, jerarquías inflexibles y una cultura de obediencia absoluta, incluso cuando ello significase marchar hacia una muerte segura. A finales del siglo xix surgió una filosofía completamente nueva de organización militar: el telégrafo y el ferrocarril crearon nuevas posibilidades para la movilidad coordinada, reduciendo drásticamente el tiempo que los oficiales necesitaban para planear y ejecutar la estrategia; en respuesta, los generales prusianos recurrieron, cada vez más, a una filosofía organizativa llamada *auftragstaktik* o «tácticas de misión»: los comandantes fijaban objetivos y luego otorgaban a los oficiales de campo y a sus unidades la libertad de decidir cómo alcanzarlos. Esto incrementaba la capacidad de adaptación en tiempo real, permitiendo que los ejércitos funcionaran más como grupos de células semiautónomas que como formaciones grandes y rígidas.

El Ejército prusiano reestructuró con efectividad su «sistema nervioso» para que fuese más distribuido, de modo que pudiera percibir y actuar más cerca de la acción. La ia permite a tu organización hacer lo mismo.

ADOPTANDO UN NUEVO SISTEMA NERVIOSO

Nuestras tecnologías definen nuestras estructuras organizativas. Clarines, estandartes, caballos y banderas dieron origen a jerarquías rígidas, baja autonomía individual y planes difíciles de modificar una vez puestos en marcha. Pero las estructuras organizativas no cambian automáticamente con la aparición de nuevas tecnologías. Incluso cuando existe la voluntad de transformarlas, puede resultar confuso cómo adaptarlas de la mejor manera.

El gran general prusiano Helmuth von Moltke reconoció que el telégrafo creó nuevos problemas al mismo tiempo que resolvía los antiguos: más comunicación no siempre significa mejor comunicación. Los telégrafos, por ejemplo, podían difundir desinformación más rápidamente que las órdenes verbales. Este riesgo, dado que los oficiales de campo estaban en mejor posición que los oficiales de Estado Mayor para verificar la información, convenció a Von Moltke de descentralizar aún más el liderazgo. Sin embargo, esa decisión no era obvia y muchos de sus colegas se mostraron inicialmente reacios a ceder su autoridad.

En el esfuerzo por hacer que las organizaciones sean más rápidas y ágiles, las hemos aplanado, pero a menudo no las hemos hecho evolucionar. Demasiadas decisiones siguen atascadas en los «córtex corporativos» centralizados. Hace veinte años, los líderes empresariales hablaban mucho de la necesidad de acortar el paso de la estrategia a la ejecución; después, la idea fue realizar estrategia y ejecución simultáneamente (entrega ágil y continua). Hoy, el cambio es tan rápido que la ejecución a menudo ocurre antes de que siquiera se formule una nueva estrategia; el resultado es un ritmo poco saludable: los equipos ágiles avanzan a toda velocidad y, luego, la sede central pisa el freno al intentar adaptarse de forma retroactiva. El impulso se detiene en un espasmo de arritmia organizativa. Se necesita un nuevo enfoque.

CONSTRUYE TUS OCHO BRAZOS

Las organizaciones con inteligencia distribuida en lugar de centralizada toman muchas de sus decisiones de abajo arriba en vez de arriba abajo. Para ajustar el «sistema nervioso» de tu organización:

► Utiliza la IA para potenciar cómo las personas recopilan datos, planifican, deciden y actúan.

► Delega poder al personal cualificado que está más cerca de cada problema.

Tres tácticas hacen realidad el modelo:

1. **Lleva la cognición hacia el borde**. Equipa a cada equipo con datos en tiempo real, asistencia de IA y microderechos presupuestarios para resolver problemas al instante. Si el problema de un cliente puede resolverse en treinta segundos, jamás debería retrasarse a una reunión semanal de dirección.

2. **Convierte el centro en un anillo nervioso, no en una torre de mando**. Tal y como el cerebro central del pulpo mantiene limpias las señales y hace que los conflictos sean de corta duración, sin frenar las iniciativas de sus ocho brazos, la nueva función del comité ejecutivo es fijar objetivos, mantener estándares y resolver colisiones, no microgestionar cada línea del presupuesto.

3. **Resincroniza constantemente**. Métricas compartidas, API abiertas y revisiones por encima entre pares actúan como el pulso que mantiene en un ritmo coherente los experimentos dispersos. Cuando los hallazgos en el borde exterior revelan un patrón no previsto por el núcleo, todo el cuerpo pivota para seguirlo.

La IA puede proporcionar una conciencia contextual sin precedentes, un apoyo a la decisión preciso y redes de comunicación claras a escala. Los grandes modelos de lenguaje (LLM) permiten incluso que los mandos intermedios vean el tablero de ajedrez completo, antes patrimonio exclusivo de los analistas sénior. Los sistemas, cuando se basan en datos adecuados, llevan la información correcta a las personas adecuadas en el momento oportuno, mostrando toda su relevancia en el contexto en cuestión.

Los agentes seleccionan los datos según las necesidades de todos los directivos de la empresa y el ecosistema, digieren la información con precisión y destacan sus implicaciones más críticas. A medida que los directivos formulan sus respuestas, la IA señala sus sesgos, prueba escenarios y recomienda límites, todo en tiempo real. El *software* mejora el juicio ejecutivo a todos los niveles, permitiendo que incluso el personal júnior tome decisiones complejas y arriesgadas con confianza. Las API y las estructuras capaces de actuar permiten que los «brazos» de la organización intercambien información lateralmente, entre sí, en lugar de enviarla solo hacia arriba o hacia abajo. Al igual que los empleados, los líderes también pueden acceder a información sobre lo que ocurre en la organización en tiempo real, lo cual les da confianza para mantener un enfoque de no intervención.

Con el mando, el control y la comunicación apoyados en la IA, la estrategia ya no persigue la ejecución: ambas son una.

En el capítulo 3 profundizaremos en el concepto del «collar neural» que coordina toda esta actividad, pero por ahora recuerda este principio: *inteligencia en los bordes, coherencia en el núcleo.* Construye eso y tu empresa podrá moverse como un pulpo cuando llegue la próxima ola gigante.

No resulta sorprendente que los arquitectos de robótica basada en la IA hayan estudiado la inteligencia distribuida de los pulpos. Ya en 2017, durante la Conferencia Internacional de Agentes e Inteligencia Artificial, se publicó un estudio titulado *The octopus as a model for artificial intelligence.* «Tras investigar el comportamiento del pulpo y la cognición integrada de sus brazos», escribieron sus autores, «podemos ver claramente que el pulpo —cuando se le considera como un sistema de procesamiento— es un modelo excelente de cognición eficiente».[16] Los mismos principios se aplican a las estructuras organizativas.

Como las dudas que tenía Von Moltke sobre las comunicaciones telegráficas, habrá muchas razones por las que directivos de empresas tradicionales quieran frenar esta transición; de entre ellas, la amenaza que supone para su propio poder no es la menor. ¿Cuánto de este poder deben ceder? Los líderes sénior pueden disipar muchos de sus temores mediante una delegación gradual y controlada:

► En las primeras etapas de la transformación, utiliza la IA solo en decisiones de bajo riesgo y alta frecuencia.

► Fija límites claros sobre qué puede decidir cada equipo de forma autónoma.

► Empieza poco a poco y monitoriza el progreso para suavizar la transición.

► Evita el «modo piloto» vinculando cada primer paso con un cambio más amplio.

► Permite que los directivos conserven algunas decisiones críticas; delega el resto.

CREANDO LA ORGANIZACIÓN DISTRIBUIDA DESDE ABAJO HACIA ARRIBA

Dependiendo de las estadísticas sobre transformaciones digitales de firmas de IT que usemos, entre un 70 y un 85 % no alcanzan sus objetivos iniciales. En parte, esto se debe a la tendencia de los ejecutivos a adornarse (alguien vio algo en *Star Trek* y luego quiso «hacerlo realidad»); también, a que los proveedores de *software* prometen demasiado. Pero en la mayoría de los casos se debe a que las personas que realmente tenían que usar ese supuesto «*software* transformador» no participaron en la toma de decisiones.

Históricamente, las empresas se han diseñado de arriba abajo, por lo que las decisiones de *software* suelen tomarse de igual forma. Pero la toma de decisiones descentralizada permite aportaciones tanto desde arriba hacia abajo como al revés. Hasta hoy, el desafío era que la gente en los niveles inferiores no solía tener ni las habilidades de comunicación ni las competencias técnicas necesarias para participar; la «solución», con demasiada frecuencia, resulta ser que un consultor inexperto aparece, entiende parcialmente el reto y transfiere los requisitos a un gestor de programas, quien luego reparte el trabajo entre desarrolladores. Los pobres desarrolladores están condenados al fracaso porque los problemas que necesitan resolverse se han planteado mal; además, probablemente no tengan ni idea de cómo debería ser el éxito.

A medida que la IA mejora la transformación del lenguaje natural en código (y está volviéndose muy buena), la gente en los peldaños inferiores de la jerarquía podrá construir, incluso sin título de informático, los prototipos del *software* que necesita y después perfeccionarlos. Combinadas con juicio ejecutivo potenciado por IA y contexto, sus innovaciones locales podrán integrarse en programas más amplios en toda la empresa.

Comienza tu transformación de IA en los niveles inferiores. Conforme la IA automatice tareas repetitivas con resultados predecibles y decentes, las responsabilidades del empleado promedio probablemente se vuelvan más centradas en el ser humano y más variadas. Un equipo de reducción de riesgos de un banco dependerá de la IA para los casos rutinarios y quedará libre para ocuparse de casos más complejos. Imagina un futuro cercano en el que brókers de IA negocien automáticamente el precio y las condiciones de pago con proveedores, permitiendo que los equipos de compras gestionen cadenas de suministro más variadas y complejas. Lejos de llevar a un «ejército de drones», la IA supercapacita a tu fuerza laboral para enfrentarse con más variabilidad y ambigüedad que nunca antes.

Según los equipos júnior automaticen tareas rutinarias, tomen más decisiones y actúen de manera más estratégica, los directivos sénior tendrán dos opciones. Podrán crear sistemas de aprobación complejos para mantener la supervisión y el control de aquellos en primera línea... o podrán facultar a sus equipos para que tomen más iniciativa limitando el número de decisiones que tienen que escalarse. Por supuesto, recomendamos este segundo enfoque.

Fíjate en Stripe, una empresa *fintech* que está revolucionando la forma en que los negocios aceptan pagos, gestionan ingresos y operan globalmente. En marzo de 2025, Stripe lanzó su Optimized Checkout Suite (OCS), una solución impulsada por IA que ajusta dinámicamente el orden de métodos de pago y gestiona la intervención antifraude.[17] Basada en los amplios conjuntos de datos de pagos que poseen (1,4 trillones de dólares anuales), la *suite* puede determinar los métodos de pago más relevantes que exhibir según los atributos de los clientes y los detalles de la compra, lo que genera un aumento promedio del 12 % en los ingresos y un incremento del 7 % en las tasas de conversión. El sistema también ajusta dinámicamente las intervenciones en el proceso de *checkout* conforme a la probabilidad de distintos tipos de riesgo. Esto reduce las tasas de fraude en un 30 %, con un impacto mínimo en la conversión.

El sistema no solo ayuda a los clientes, sino que también elimina al equipo de riesgos una categoría de tareas de bajo impacto y baja cualificación, permitiéndoles centrarse en casos más «nebulosos». Si bien la IA incrementa el volumen y la complejidad de la carga de trabajo promedio, también les proporciona las herramientas necesarias para abordarla con eficacia: un círculo virtuoso.

¿Cómo será una primera línea más empoderada en tu organización? Dependerá de tu contexto, en particular del tamaño de tu empresa y de tu tolerancia al riesgo. Considera dos ejemplos distintos:

▶ Los gigantes industriales Siemens y AWS se asociaron para crear una plataforma de IA de bajo código que permite a los ingenieros de producción desarrollar *software* que maximiza la productividad de las fábricas. La han utilizado para mejorar los rendimientos, así como para canalizar sugerencias de ajustes de equipos y de mantenimiento. Dado que la IA sintetiza decisiones complejas transformándolas en opciones comprensibles, los beneficios se logran con una inversión mínima en formación.[18]

▶ Beyond Better Foods, una empresa innovadora del sector alimentario fundada en 2012, ha aprovechado la IA para reunir conocimientos a partir de hilos extensos en Slack, conversaciones con clientes e interacciones con proveedores, lo que se traduce en una mayor alineación, menos tiempo perdido en buscar información de otros equipos y una mejor priorización de tareas.[19]

En ambos casos, la IA no solo amplía las capacidades del personal de primera línea, sino que también facilita una colaboración más fluida en toda la organización.

LA REINVENCIÓN DEL MANDO INTERMEDIO

¿Cuál es el papel adecuado de los mandos intermedios si la primera línea tiene mayor autonomía y capacidad de decisión? Los gurús de la eficiencia podrían decir que los mandos intermedios se volverán obsoletos y desaparecerán. La realidad es la contraria. La adopción de IA, más que reducirlas, reinventará sus responsabilidades.

Hoy, los mandos intermedios suelen dedicar solo una cuarta parte de su tiempo a supervisar y entrenar directamente a sus subordinados.[20] El resto lo emplean en tareas administrativas, de representación y de alineamiento. A medida que las herramientas de IA se expanden, los mandos intermedios ya no actuarán como intermediarios entre la periferia y el núcleo; en su lugar, sus equipos abordarán, por sí mismos, una porción mayor de los retos cotidianos, escalando solo los asuntos más espinosos y críticos de la misión.

Los datos de los implemetadores iniciales de la IA ya lo confirman. Un estudio reciente de la Harvard Business School mostró que los mandos intermedios, apoyados en IA y dedicados a la programación informática, dedicaron un 10 % menos de su tiempo a la gestión de proyectos y necesitaron menos coordinación con colegas. El ahorro de tiempo les permitió dedicar un 5 % más a realmente programar.[21] Además, la IA permitió a los mandos del estudio convertirse en mejores entrenadores. Les proporcionó herramientas para trabajar con mayor eficacia con los miembros de bajo rendimiento de sus equipos, quienes normalmente requerían cantidades desproporcionadas de supervisión.

Este «jardín de rosas hiperescalado» seguirá necesitando mucha atención. Los mandos intermedios deberán destinar más tiempo a mejorar las competencias de sus equipos de suerte que puedan afrontar estos problemas por sí mismos, sin mencionar la gestión y mejora de la propia IA.

A medida que las organizaciones se aplanen y las barreras funcionales sigan desapareciendo, los mandos intermedios se encontrarán cada vez más con que deben:

▶ Liderar equipos con conjuntos de competencias divergentes.

▶ Garantizar que equipos cada vez más autónomos se coordinen eficazmente.

▶ Determinar si las herramientas de IA están tomando decisiones correctas.

► Identificar dónde la IA pasa por alto conocimientos que no aparecen en los datos.

En una organización pulpo, el papel de los mandos intermedios incluirá ayudar a sus equipos a superar cualquier bloqueo emocional o educativo frente a la IA y a aprender a usarla de la forma más eficaz posible. Para los roles que gestionan la ambigüedad y los resultados no deterministas (que serán la mayoría de los roles en una organización pulpo), la IA puede ampliar la brecha entre los trabajadores más y menos cualificados.[22] Precaución: la IA puede hacer que el personal júnior sea menos eficaz si lo conduce por «madrigueras» irrelevantes o le entrega resultados incorrectos (alucinaciones). Peor aún, un gran riesgo consiste en utilizar los resultados de la IA como evaluación completa de una situación, en lugar de tomarlos como uno de tantos insumos para el juicio humano. Los mandos intermedios necesitarán de habilidades para evitar esas trampas.

El efecto de la IA en el desempeño médico

En un estudio de junio de 2023 se descubrió que la IA, trabajando de manera independiente, era más eficaz en la interpretación de exploraciones médicas, en la precisión diagnóstica y en el razonamiento clínico que aquellos radiólogos que trabajaban con IA.[23]

¿Por qué es eso? El estudio destacó varios sesgos en los radiólogos: a menudo infravaloraban la aportación de la IA frente a su propio juicio, manteniéndose firmes incluso cuando el modelo de IA resultaba correcto. Pero los modelos de IA también tenían fallos: los agentes eran mucho menos eficaces que los humanos al recopilar información del paciente en consultas iniciales, pues a menudo no formulaban preguntas de seguimiento y pasaban por alto pistas contextuales.

Aunque el informe es contundente respecto a los efectos de los sesgos humanos, su principal conclusión no es que los médicos deban ser sustituidos por «Robo Docs»; más bien, muestra que la IA es más eficaz cuando se emplea de modo que aproveche tanto sus propias fortalezas como las de los médicos humanos. Desconfiar de todos los diagnósticos de la IA es un error, pero también lo es aceptarlos todos como dogmas.

Conforme las herramientas de IA proporcionen «respuestas fáciles» a desafíos complejos, los directivos habrán de estar atentos a la pereza cognitiva:[24] nuestra preferencia natural por atajos heurísticos frente al esfuerzo mental. Los mandos del futuro cercano gastarán menos tiempo en garantizar el cumplimiento de la estrategia organizacional, pero más esfuerzo en equilibrar originalidad y productividad.[25] Este punto es clave. Los líderes no pueden comportarse como estudiantes que confían en ChatGPT para escribir trabajos; así, sus habilidades de pensamiento crítico se atrofiarían, dejándolos en peor situación. La IA *eleva* la importancia de un pensamiento crítico excelente en vez de reducirla. La IA generativa deslumbra, pero rara vez inventa si no se le pide: los humanos deben formular preguntas adecuadas y rechazar respuestas erróneas o triviales.

El juicio humano seguirá siendo un ingrediente vital en:

1. **Creatividad de primera línea**. Cada empleado, no solo el equipo de estrategia, debe saber cuándo una respuesta «enlatada» es insuficiente y cómo formular preguntas que lleven a la IA más allá de lo obvio.

2. **Validación directiva**. Los mandos intermedios se transformarán en nodos de control de calidad, comparando las recomendaciones de IA con realidades fundadas y detectando desajustes, para luego intervenir previniendo que los errores crezcan.

3. **Previsión ejecutiva**. Tanto los mandos sénior como los intermedios tienen que mirar más allá del horizonte de los datos para
   percibir señales tempranas en el sentimiento de clientes, cambios
   regulatorios o competidores encubiertos que los modelos aún no
   hayan detectado.

La revolución de los mandos intermedios impulsará mayor eficiencia y velocidad. Si las organizaciones reconfiguran procesos y puestos,
equipando a la gente con las habilidades adecuadas, la IA es un acelera-
dor; si no lo hacen, la IA solo automatiza la lógica de ayer.

Considera cómo la IA revoluciona el rol del gerente de ventas.[26] En
lugar de pasar horas buscando tendencias en su región, ahora puede:

▶ Consultar a la IA en lenguaje natural y recibir un informe en
  segundos.

▶ Aprovechar datos de clientes para decidir a quién contactar, cuándo y con qué mensaje.

▶ Preguntar a su plataforma de gestión del conocimiento para ac-
  tualizarse en nuevas ofertas, reduciendo significativamente el
  tiempo de lanzamiento.

Existen ya herramientas, como Gong o Chorus, que proveen de análisis automatizados de llamadas de ventas, destacando áreas de mejora
sin la necesidad de llamadas de informes.

Herramientas como estas cambian el modo en que se coordinan los
equipos. Para los mánagers, esto implica menos tiempo *taladrando* los
procesos de venta en doce pasos, persiguiendo documentos y firmas,
asegurándose de que los equipos de implementación participan en los
momentos adecuados, monitorizando el *pipeline* de ventas, siguiendo el
desempeño individual y elaborando previsiones de forma manual. Para
los representantes de ventas, elimina gran parte del trabajo adminis-
trativo, como aprobar condiciones comerciales, que consumen hasta

dos tercios de su jornada. Esto significa que los mánagers (y sus equipos) pueden dedicar más tiempo a vender y a hacer *coaching*; les libera tiempo para colaborar con equipos de producto y aprovechar mejor la retroalimentación de clientes actuales o potenciales en nuevas ofertas. Además, por fin hay tiempo para dedicarse a iniciativas estratégicas, como reducir a la mitad ese proceso de ventas de doce pasos y mejorar la asignación de cuentas. El rol del gerente no desaparecerá: se volverá más estratégico y colaborativo.

LIDERANDO LA DESCENTRALIZACIÓN: CUATRO GUARDARRAÍLES PARA EJECUTIVOS SÉNIOR

¿Cómo pueden los altos directivos asegurarse de que la descentralización cumpla todos sus objetivos? El siguiente cuadro muestra cuatro acciones que los líderes deberían emprender al dirigir un proceso de descentralización.

Con el tiempo, tus expectativas hacia el personal de primera línea deben aumentar de manera continua. Algunos empleados se marcharán o se resistirán, pero aquellos que se comprometan se beneficiarán de un trabajo más significativo, de mayor impacto y de más alto valor. El eje central serán tus mandos intermedios. A corto plazo, puede resultar tentador eliminar capas de gestión intermedia; Mark Zuckerberg señaló, en una reunión general en Meta en 2023: «No creo que quieran una estructura de gestión que sea simplemente gerentes gestionando gerentes, gestionando gerentes, gestionando gerentes, gestionando a las personas que hacen el trabajo».[27] Es difícil discutir esto. Las jerarquías más planas y ligeras ya están desbloqueando eficiencia, pero es cada vez más vital el tipo adecuado de gestión. Para sacar el máximo partido de estas nuevas formas de trabajo, las responsabilidades y las competencias fundamentales de los mandos intermedios deben evolucionar.

Liderando la descentralización: cuatro acciones

Pon barreras alrededor de la IA	Redefine «mánager»
► Especifica qué sistemas de IA puede usar cada equipo y los casos autorizados para su uso. ► Publica la lista, invita a que se hagan sugerencias y revísalas trimestralmente.	► Transforma a los mandos intermedios de guardianes en «entrenadores». Concede la autoridad en el día a día al equipo de primera línea y utiliza la experiencia de los gerentes para validar los resultados de la IA y desbloquear el progreso. ► Considera las carencias de formación que los gerentes deben superar para desempeñar este papel.
Mapea rutas de decisión	**Persigue a los bloqueadores**
► Dibuja rutas claras para financiar ideas, plantear precios y definir limites. ► Todos deben saber quién es el dueño de cada llamada y cuándo se requiere escalarla. ► Usa la IA para hacer que estos límites sean localizables y explicables.	► Encarga a los mánagers encontrar los sitios donde las personas tienen los datos pero no el derecho de actuar. ► Registra estos puntos, resuélvelos con rapidez y haz que el seguimiento y la reducción de estos puntos sea un KPI fundamental.

Una nueva aplicación de *Jobs to be done*

El libro anterior de Stephen *Jobs to be done: a roadmap for customer-centered innovation* desarrollaba un concepto de su mentor Clayton Christensen, el profesor de Harvard Business School conocido también por teorías como la de la *innovación disruptiva*. La idea, en pocas palabras, es que los clientes «contratan» productos para llevar a cabo determinados «trabajos» (*jobs*) que surgen en sus vidas. Comprendiendo bien esos «trabajos», se pueden diseñar propuestas que realmente encajen con lo que necesitan y no estén sobredesarrolladas con cosas costosas e innecesarias. Este concepto no se aplica únicamente a las elecciones de los clientes; también puede utilizarse para optimizar tu propia empresa.

Echa un vistazo a los «trabajos» que tu organización necesita desde esta perspectiva. ¿Qué es lo que realmente debe suceder y cómo se puede aprovechar la IA para ayudar a lograrlo? Por ejemplo, si un trabajo consiste en configurar precios que se ajusten de la mejor manera al cliente, ¿cómo podría la IA evaluar las necesidades del cliente y su disposición a pagar, equilibrándolas con los costes subyacentes de atender a ese cliente? ¿Cómo podrían asegurarse los empleados de que las condiciones sean apropiadas y luego vender el producto al cliente? ¿Qué podría ahorrarse, con procesos potenciados por IA, en términos de tiempo y trabajo frente a como se hacían las cosas antes? Con esta nueva concepción del proceso, ¿quién estaría haciendo qué? ¿Qué capacidades —basadas tanto en IA como en habilidades humanas— serían necesarias para tener éxito?

Microsoft está reemplazando sus organigramas por «mapas de trabajo» centrados en las tareas que deben realizarse, en lugar de en la antigüedad o en la autoridad supervisora de los gerentes. Puedes hacer lo mismo en cada una de tus funciones. Examínalas de manera sistemática y especifica todos los «trabajos» dentro de ellas, definiéndolos no en términos de lo que los humanos hacen actualmente, sino como bloques discretos de aquello que debe ocurrir para que la empresa funcione con suavidad.

¿Podrían automatizarse algunos de esos «trabajos»?, ¿ser asumidos por socios externos? Las respuestas podrían ampliar tus posibilidades dramáticamente.

ESTUDIO DE CASO:
Conocimiento impulsado por IA en Travelers

¿Cómo utilizan la IA las organizaciones para volverse más ágiles y distribuidas?: aprovechando la IA para cerrar brechas clave de conocimiento. Mojgan Lefebvre, directora de Tecnología y Operaciones de Travelers Insurance, está empoderando al personal de primera línea para que utilice la IA, de modo que asuman más decisiones del día a día y trabajen de formas que se centren en el cliente y al mismo tiempo sean estratégicas.

Lefebvre y su equipo han concentrado parte de sus esfuerzos en mejorar la gestión del conocimiento, un desafío habitual para las compañías de seguros. Al aprovechar la IA generativa y entrenar modelos de lenguaje de gran tamaño (LLM) en dominios específicos, el personal puede sintetizar información especializada, acelerando los procesos de toma de decisiones en toda la organización.

Las herramientas de IA ya son comunes en el sector asegurador. En Underwriters, por ejemplo, las usan para evaluar imágenes aéreas y sintetizar datos de riesgo de desastres con el fin de valorar propiedades de forma remota, iniciando a veces los procesos de reclamación incluso antes de que las familias sepan que su casa ha sufrido daños.

Esta reducción de tiempo y costes es muy valiosa, pero Lefebvre ha ido un paso más allá: «Nuestro objetivo con el despliegue de la IA no es utilizar la tecnología como un ejercicio de reducción de costes —afirma—. En cambio, nos hemos centrado durante años en desarrollar nuestra IA de forma responsable y diferenciar nuestras capacidades de IA siguiendo nuestras tres prioridades de innovación: ampliar nuestro liderazgo en experiencia de riesgo; proporcionar grandes experiencias a nuestros clientes, agentes, corredores y empleados; y optimizar la productividad y la eficiencia».

La gestión del conocimiento impulsada por IA tiene además otros beneficios adicionales. Permite que suscriptores y profesionales de reclamaciones dediquen menos tiempo a procesar datos, buscar documentos y perseguir aprobaciones, para emplear más en descubrir las necesidades del cliente, colaborar con equipos diversos y dar forma a su comunicación interna y externa, de modo que sea más clara y atractiva. La gestión del conocimiento impulsado por IA también capacita al personal júnior para asumir la responsabilidad de sus trayectorias profesionales, ampliándolas a áreas temáticas en las que quizás no tengan una base inicial sólida. Posibilita una inteligencia distribuida al estilo del pulpo.

El grado en que el sistema de gestión del conocimiento de Travelers sustenta una organización más distribuida y flexible depende de la fiabilidad de sus modelos de IA. Garantizarlo puede ser una tarea costosa y compleja, pero Lefebvre lo considera fundamental. «Este proceso es complejo y requiere una atención cuidadosa por parte de nuestros equipos —asegura—, pero sigue siendo un área clave de enfoque para nosotros».

La transición de Aff**ø**rd hacia la toma de decisiones distribuida

Volvamos al fabricante de muebles que exploramos en el capítulo 1. ¿Cómo cambia la inteligencia distribuida las operaciones cotidianas de Afførd?

Históricamente, la enorme escala y la integración vertical de la compañía significaban que la coordinación debía ser de arriba abajo y una ejecución coherente era primordial. La empresa podía controlar con gran rigor su aprovisionamiento, fabricación y distribución, y así lo hacía; pero, con la adopción de la fabricación y la gestión de la cadena de suministro habilitadas por IA, las piezas de mobiliario se diseñan, producen y envían más rápido que nunca. Estos muebles ahora también pueden personalizarse, con lo que se abre una propuesta de valor completamente nueva para los clientes —y un centro de beneficios para Afførd—. Las prácticas de trabajo de Afførd se han ajustado para adaptarse al uso de la IA: a los operarios de maquinaria se les ha concedido más autonomía para gestionar los fallos mecánicos que afectan a tiempo y gestión de recursos. Los responsables de la cadena de suministro necesitan menos expertos para procesar cifras; por ello, guían a sus equipos para que identifiquen tendencias por sí mismos y también aprovechen las percepciones de la IA. Los equipos prueban opciones con antelación, manteniendo el flujo de mercancías sin interrupciones. El personal de compras ya no persigue cada contrato: la IA establece y supervisa los acuerdos rutinarios. Liberados del papeleo, estos equipos se centran en crear asociaciones más sólidas con los proveedores y estos vínculos desbloquean más opciones nuevas: materiales innovadores, recubrimientos avanzados y colaboraciones con diseñadores de renombre.

La IA permite a los responsables de *marketing* iniciar y mantener millones de conversaciones personalizadas, tanto con personas como con sus bots. Los equipos dedican mucho menos tiempo a redactar y lanzar campañas, y más a perfeccionarlas.

El trabajo humano sigue siendo esencial, pero las competencias que se requieren son de mayor nivel. Los empleados de primera línea y los mandos intermedios actúan con más libertad y enfrentan menos niveles de autorización. Colaborando con herramientas de apoyo a la decisión basadas en IA, cumplen tareas que exigen criterio y pensamiento estratégico.

Los altos directivos también juegan una partida distinta. Dedican menos tiempo a elegir productos o ubicaciones de tiendas: en su lugar, orientan los grandes cambios de estrategia, ayudan a los mandos intermedios a adaptarse y trabajan con la IA para afinar los sistemas que impulsan el negocio.

RESUMEN DEL CAPÍTULO

Hoy, las organizaciones han de ser más rápidas y ágiles para evolucionar y competir en un mundo que cambia con rapidez. No pueden permitir que las decisiones queden atascadas en córtex corporativos centralizados. Para mantener el ritmo, deben actualizar sus «sistemas nerviosos» dando poder de decisión a las personas cualificadas y más cercanas a cada reto; usar la IA para ayudar a equipos a recopilar hechos, planificar, decidir y actuar con mayor velocidad y claridad. Los mandos intermedios deben pasar de agentes de control a *coaches*. Los líderes han de establecer límites claros para la IA y delimitar los derechos de decisión, eliminando bloqueos e impulsando el progreso hacia una plantilla más comprometida y empoderada.

CAPÍTULO 3

COLLAR NEURAL

Unir el conocimiento, coordinar la innovación y aumentar la agilidad

Los pulpos proponen la posibilidad de una forma de consciencia radicalmente distinta de aquella con la que actualmente estamos familiarizados.
SIDNEY CARLS-DIAMANTE[28]

D espiertas dentro de un cuerpo desconocido, blando y sin huesos. Ocho largos tentáculos se agitan a tu alrededor. Un collar neural conecta entre sí tus otros ocho «cerebros», uno en cada extremidad. De inicio, desorienta: curioso e impaciente, cada brazo piensa por su cuenta. Percibes su parloteo como tenues murmullos eléctricos, que se coordinan independientemente de ti, compartiendo lo que han hecho. Escuchan tu instinto, pero no esperan tus instrucciones. Un cosquilleo de hambre recorre tu cuerpo. De golpe, tres brazos se lanzan hacia adelante, explorando un túnel estrecho y de claras paredes entre las rocas. No decidiste hacerlo; los brazos se movieron en cuanto sintieron tu necesidad. No estás seguro de si eres el piloto o el pasajero.

Las señales fluyen desde los sensores de tus brazos: el pasillo izquierdo no tiene salida, el de la derecha conduce a aguas abiertas. No recibes palabras, solo sensaciones, pero se entrelazan en una imagen que tu cerebro central traduce en acción. Te inclinas, conduciendo tu cabeza bulbosa tras el brazo más atrevido; los demás se ajustan automáticamente en una danza que diriges sin esfuerzo consciente. La coordinación surge de la conversación, no de la orden.

Los momentos se alargan; los nervios vibran. Finalmente, un brazo guía rompe la superficie, saboreando el aire fresco, y cada neurona a lo largo del collar brilla con certeza. Dos, tres, cuatro brazos se lanzan hacia adelante, atrapan un pequeño cangrejo sobre una roca y lo arrastran bajo el agua en un movimiento fluido. Esto es lo que significa ser inteligente en todas partes. La perspicacia irradia desde el centro, pero el descubrimiento se coordina desde los extremos: brazos y cabeza actuando como una unidad.

RECONFIGURANDO EL CEREBRO DE TU ORGANIZACIÓN

Imagina una organización construida del mismo modo. Los datos fluyen como señales nerviosas y cada equipo se convierte en un brazo, libre para percibir, decidir y actuar pero siempre en concierto con el todo. Esa es la Organización Pulpo: no una jerarquía de órdenes, sino un *ballet* vivo de percepciones distribuidas, unidas por un collar neural: una mente distribuida. Con la IA, puedes tejer ese cordón para que tu empresa se mueva con la misma gracia y capacidad de adaptación que la criatura cuyo cuerpo acabas de habitar.

Como se ha señalado en el capítulo 2, solo un tercio del tejido neural de un pulpo se encuentra en su cerebro central, donde residen funciones ejecutivas como la priorización, la memoria y el análisis visual. El resto está en los clústeres nerviosos que controlan sus brazos y en el collar neural que los une y coordina. A pesar de ello, los pulpos pueden reconocer a sus cuidadores, navegar por complicados laberintos para acceder a alimento, e incluso pueden poseer una rudimentaria «teoría de la mente», término que los científicos cognitivos utilizan para describir la capacidad de reconocer que otras criaturas también tienen mente propia.

Esta combinación de «inteligencia en todas partes» y enfoque en la misión específica es lo que ocurre en una organización cuando sus datos se vuelven verdaderamente transparentes. Ya sea porque estén cuidadosamente etiquetados por humanos o clasificados por IA, los datos pueden ser utilizados de manera rápida y eficiente. Esto no es exactamente superinteligencia artificial (ASI), ni siquiera inteligencia artificial general (AGI); pero, cuando ocurre a escala, el efecto es sobrehumano. Las herramientas que permiten este cambio están ya en el mercado y están ya teniendo impacto.

En 2024, Slack, la popular plataforma de mensajería y colaboración, lanzó un conjunto de funciones de IA que ayudaron a los usuarios a navegar por las interminables cadenas de mensajes (resolviendo un problema que acompañó a Slack desde su origen). El usuario de Reddit «bbbaaahhhhh» (como suena) explica cómo la IA de Slack está cambiando la forma de colaboración y acceso a la información de su equipo:

> Nuestro equipo está geográficamente disperso y nadie está todo el tiempo en la oficina; gracias a la IA de Slack, el proceso para que nuevos miembros reciban respuestas a sus preguntas ha claramente acelerado, ya que no hay necesidad de esperar a que llegue alguien para preguntarle…
>
> Hemos visto bajar las métricas de búsqueda; ya no es necesario perder tanto tiempo rebuscando. Antes llegaba mucho más ruido durante el día… y esto ha servido para reducir todas esas distracciones.

Incluso sencillas funciones de búsqueda impulsadas por IA pueden reducir de forma drástica la fricción que experimentan los equipos para localizar información clave. Estas funciones son ya estándar en plataformas de colaboración como Microsoft 365, Notion y Airtable. Obviamente, la búsqueda es solo la punta del iceberg. Como vimos con Travelers, los sistemas de gestión del conocimiento basados en IA pueden convertirse en potentes fuentes de certeza, que resultan transformadoras para la organización. Muy pronto, cada empleado tendrá su propio asistente ejecutivo gracias a los asistentes de IA.

EL PENNY POST Y EL PODER DE LOS DATOS DEMOCRATIZADOS

Durante la mayor parte de la historia, el correo fue un servicio exclusivo para los ricos, entregado a un coste muy elevado. Los mensajeros estaban bien pagados para evitar que se sintieran tentados de robar los bienes que transportaban o vender la información. Así fue hasta 1680, cuando el comerciante William Dockwra desarrolló el Penny Post, un sistema mediante el cual las cartas prepagadas podían depositarse en cientos de oficinas de recepción y entregarse en cualquier punto de Londres el mismo día.

En el plazo de un año, el sistema había democratizado enormemente la comunicación escrita. Una criada podía garabatear una nota a su madre en un distrito cercano y recibir respuesta ese mismo día. Los tenderos podían enviar pedidos a proveedores y facturas a clientes, con la seguridad de que serían recibidos y atendidos en horas en lugar de en días o semanas. En un par de años, Londres estaba unido por una red de tinta, papel y sellos. Era como si la ciudad se hubiera convertido en una criatura cuyos brazos hubieran despertado súbitamente la capacidad de comunicarse entre sí.

De forma similar, las organizaciones que utilicen la IA para democratizar la selección y síntesis de la información reducirán drásticamente la fricción en la colaboración interna y externa.

Recientemente, Jonathan usó una herramienta de IA para personalizar un envío masivo con el fin de promocionar su nuevo vídeo. Cada correo incluía un comentario basado en interacciones previas con el destinatario y un motivo, fundamentado en la descripción de su puesto, por el cual ese vídeo resultaría relevante para él. Además, incorporaba contenido personalizado obtenido de información pública sobre su empresa. Esto es lo que ocurre cuando los datos fluyen libremente.

A medida que las redes se expanden interna y externamente, es fundamental que los datos provengan de una variedad de contextos y que sean accesibles y procesables para todos los que los necesiten. La IA está mejorando en la estructuración de datos no estructurados. Cada vez actúa más como la «operadora telefónica» de las empresas, determinando qué es importante compartir, facilitando su localización y orientando sobre cómo actuar en consecuencia.

El poder de la información de libre circulación va más allá del funcionamiento interno de una organización; también mejora su capacidad de coordinarse con su red de socios externos. La IA agéntica (*agentic AI*) —esa capaz no solo de analizar y sintetizar información, sino de implementar directamente sus propias recomendaciones— acelera de manera radical el ciclo que va de la percepción a la interpretación y de esta última a la acción.

Al mismo tiempo, como automatiza tantas funciones, la IA permite una escala ingente, reduciendo esos costes de coordinación que el economista Ronald Coase célebremente destacó como el factor clave que limita el tamaño de las empresas: «Una empresa tenderá a expandirse hasta que los costes de organizar una transacción adicional dentro de la propia firma sean iguales a los costes de llevar a cabo esa misma transacción mediante un intercambio en el mercado abierto».[29] Coase también argumentaba que los «costes de transacción» fueron lo que dieron origen a la existencia de las empresas, ya que realizar actividades económicas con socios externos genera cargas administrativas e ineficiencias. Cuando, en 1937, Coase escribió *La naturaleza de la empresa*, esos costes de transacción eran considerables y hacían inconcebible que una organización pudiera contar con decenas de miles de contratistas (como hoy ofrece la plataforma de trabajo bajo demanda Upwork) o con millones de proveedores (como hace Amazon).

Aunque hoy sigue existiendo cierta fricción al tratar con nuevos contratistas o proveedores, los costes de transacción han ido disminuyendo rápidamente a medida que los sistemas de información mejoran y se alinean.

La IA llevará esta tendencia al extremo. Mientras que unas empresas podrían crecer hasta hacerse muy grandes (como Amazon) gracias a la capacidad de coordinarse sin problemas con redes de socios, otras podrían volverse muy pequeñas.

Atiende a tu ecosistema

Algo que sabemos de la naturaleza es que la salud de los ecosistemas importa tanto como la robustez de sus componentes individuales. Aunque el pulpo sobrevivió al colapso repentino del ecosistema mesozoico, tres cuartas partes de las especies del planeta no lo hicieron. Hoy, el ecosistema empresarial global está atravesando un cambio igualmente gigantesco y la IA puede ayudar a las empresas a gestionar esa disrupción.

The Trade Desk es una plataforma publicitaria, basada en IA, que ayuda a los anunciantes digitales a dirigirse a consumidores a través de múltiples dispositivos, canales y mercados. Cada vez que alguien visita la web de un socio o pasa a una nueva página en una aplicación móvil, The Trade Desk puede asociar a ese visitante con una selección de su vasto inventario de anuncios, afinando hasta dar con el correcto, para mostrarlo a la persona adecuada en el momento preciso.

Dado que The Trade Desk depende de su ecosistema de socios —marcas, agencias de publicidad, sitios web y aplicaciones móviles— para alcanzar sus objetivos, presta atención a todas sus necesidades, incluidas las de los empleados de esos socios. Invierte mucho en formación y eventos para los trabajadores de primera línea de sus socios, así como en sistemas de reporte para sus directivos. Calcula el valor que generan los anuncios de sus socios, les asesora en buenas prácticas y los mantiene al día de las tendencias críticas del mercado. The Trade Desk, que está impregnado de IA, reconoce que sus socios comerciales son personas que necesitan atención humana.

EVITANDO LAS TRAMPAS DE LA INFORMACIÓN SIN FRICCIÓN

El que puedas recopilar y distribuir datos no significa que debas hacerlo; por ejemplo, la mayoría de los empleados no necesitan saber los salarios de sus compañeros. La transparencia de datos, no utilizada adecuadamente, cuesta más de lo que aporta. Los empleados no quieren sentir que se monitoriza hasta el uso de sus teclados. También pueden rebelarse ante el peso de la carga administrativa adicional que supone recopilar y compartir ciertos indicadores o la obligación de entregar constantemente actualizaciones del estado de proyectos.

No se puede medir gran parte de la importante información que necesitan los líderes para tomar decisiones clave. La recogida y distribución de datos conlleva juicios de valor. Es fácil confundir un indicador con aquello que se esté utilizando para medirlo. Por ejemplo, el registro de pulsaciones de teclado y movimientos de ratón se usa para medir la productividad en un centro de atención telefónica: este KPI incentiva a los empleados a generar trabajo irrelevante, pulsando más el teclado, cuando podrían estar utilizando ese tiempo para encontrar mejores soluciones para los clientes. A menudo, las métricas de eficiencia desincentivan el pedir consejo a directivos y colaboradores experimentados y cuyas historias no son conocidas por la IA.

Dicho esto, los sistemas de IA son tan buenos como los datos que procesan: si se suprimen demasiados, no podrán hacer bien su trabajo. Hagas lo que hagas, evita que el mantra *measure what matters* («mide lo que importa») se convierta en *only what can be measured matters* («solo importa lo que se puede medir»).

Es célebre la afirmación de Peter Drucker «Lo que se mide se hace». Pero ¿lo que mides es correcto? Si no lo es, la IA seguramente te incitará a sacar conclusiones erróneas y realizar inversiones equivocadas. Durante la guerra de Vietnam, el Pentágono recopiló montañas de datos sobre el número de soldados enemigos abatidos; aun con esa tendencia cualitativa, era evidente que EE. UU. estaba perdiendo la guerra.

Para ganar en un mundo donde tantas cosas se pueden medir, resulta crucial tener claro qué importa medir y priorizarlo.

Apaga tu ordenador y hazte esta pregunta: ¿refleja tu mapa la realidad sobre el terreno?

PREPARANDO A TU EQUIPO PARA EL ALUVIÓN DE DATOS

A medida que tu gente acceda a más información, su capacidad para evaluarla con eficiencia y precisión será dramáticamente más importante. A menos que las organizaciones inviertan en esta habilidad, la transparencia de datos puede costar más en trabajo de lo que aporta en precisión.

Dos *gremlins* son especialmente proclives a atascar el sistema: el pensamiento de grupo y la parálisis por análisis.

► El pensamiento de grupo ocurre cuando las organizaciones usan los datos para crear y mantener consensos en lugar de generar nuevos conocimientos.

► La parálisis por análisis es una ansiedad generada por tomar decisiones sin haber definido absolutamente todas las variables.

Aquí algunas formas de inmunizar a tus equipos contra estos *gremlins*.

Godzilla versus el Tritón

Cuantas más organizaciones dependan de la IA para la toma de decisiones estratégicas, más importante será para quienes adoptan las decisiones escuchar puntos de vista «poco razonables». Una manera divertida de fomentar perspectivas que piensen *out of the box* es preguntar qué haría que un reto fuese mucho más grande o mucho más pequeño. ¿Luchamos contra un caimán o contra un dragón de Komodo? ¿Luchamos contra algo más grande aún? ¿Quizás un *T. rex*? No, más grande aún: Godzilla. Ahora bien, ¿qué lo haría más pequeño, una iguana? No, más pequeño, ¿un tritón? Fuerza pensamientos extremos para luego volver al centro. Diverge antes de converger.

TRIZ

Genrich Altshuller fue un genio infravalorado. Tan infravalorado que fue procesado por «sabotaje innovador» y enviado a un gulag por Stalin; al morir Stalin y ser liberado publicó su «teoría para la resolución inventiva de problemas» —TRIZ, en su acrónimo ruso—, que resultó ser un verdadero regalo para innovadores. Era un teoría típicamente soviética: matemática, estadística e inusitadamente compleja, casi inabordable salvo para su inventor. Pero la IA carece de esos límites. Introduce tu IA en TRIZ, añade tus datos y déjala que genere soluciones. Propondrá enfoques que ni tú ni nadie habría imaginado.

Bandas de riesgo

Los líderes que crean y especifican «bandas de riesgo» —los límites aceptables, superior e inferior, de los riesgos previstos— dan permiso a sus equipos para plantear preguntas difíciles y experimentar con ideas no probadas. Al abrir espacio para la disensión constructiva, se revelan perspectivas pasadas por alto y se generan nuevas direcciones para la innovación.

Un ejemplo claro lo encontramos en… los patios de recreo. En un experimento revelador, un equipo de arquitectos paisajistas analizó cómo influían las vallas en la forma de jugar de los niños: en los parques vallados, los niños usaban todo el espacio disponible, jugando tanto cerca de la valla como en el centro; cuando no había vallas, permanecían próximos al equipamiento principal, como toboganes o columpios.[30] Asegúrate de que tus equipos se sientan seguros para explorar por todo su patio de juegos.

La ley de Haim

Haim Mendelson, célebre profesor de Pensamiento Crítico en la Stanford Graduate School of Business, sostiene que en la mayoría de los casos no necesita mirar los datos para juzgar si un plan de negocio de un estudiante es malo: le basta con analizar la lógica. Habitualmente, más datos no sustituyen al pensamiento crítico. En esto, la IA puede ayudarte comprobando si hay sesgos cognitivos. La mayoría de los humanos no logran hacerlo por sí mismos.

Deja que el diablo tenga su abogado

En la Dirección de Inteligencia Militar de Israel existe un pequeño equipo llamado la Unidad del Abogado del Diablo; su función es vetar y cuestionar supuestos y productos de inteligencia. Este comportamiento también puede integrarse en los modelos de IA. En lugar de optimizar la IA para que dé las respuestas más seguras y predecibles, puedes configurarla para que sugiera opciones de alta variabilidad y poco ortodoxas, o para que desafíe tus supuestos.

Puerta 1 frente a puerta 2

Los líderes a menudo caen en la trampa de analizar excesivamente una decisión, en su búsqueda de una idea perfecta, en vez de tomar la decisión difícil. Cuando te enfrentes a la elección entre la puerta 1 y la puerta 2, tu labor como líder en la era de la IA será determinar cuándo tienes «suficientes» datos para actuar con una expectativa razonable de éxito.

No se trata de demostrar una gran teoría unificada. Cuando la velocidad importe más que tener razón, avanza rápido.

ESTUDIO DE CASO:
El foco de Amazon en interfaces abiertas

En sus primeros veinte años, Amazon creció de manera extraordinariamente rápida manteniendo sus equipos pequeños y cohesionados. Cada equipo construía soluciones modulares que encajaban automáticamente —*plug-and-play*— con las de otros equipos (siguiendo el célebre «mandato de API» de Amazon de 2002).[31] Esta forma de trabajar evitaba (y aún evita) a la organización desarrollar silos.

Todos los equipos comparten datos y se comunican entre sí a través de «interfaces de servicio». Ninguna otra forma de comunicación de datos y *software* entre procesos es permitida; ni enlaces directos, ni lecturas directas de los datos de otros equipos, ni modelos de memoria compartida, ni puertas traseras. Esas interfaces de servicio también fueron diseñadas para estar expuestas a desarrolladores externos a la empresa. Construir código en bloques intercambiables unidos por interfaces permite a Amazon mezclar y combinar soluciones de distintas maneras. Incluso se pueden adaptar soluciones hiperespecíficas para resolver problemas en otras partes de la organización.

La base de este sistema es una forma de documentación de código abierto que permite a los equipos entender lo que los demás están desarrollando, reduciendo con ello el trabajo duplicado y fomentando que trabajen juntos en la resolución de problemas. Esa modularidad y la transparencia permiten a Amazon obtener los beneficios de escala sin sufrir sus ineficiencias.

Ahora Amazon está aprovechando su sistema de desarrollo para lanzar rápidamente aplicaciones de IA con las que se atiendan las necesidades clave de los clientes. Como nos dijo un directivo de AWS:

«Identifica ese caso de uso específico, trabaja hacia atrás... [y] escala a partir de ahí». Con este desarrollo modular de *software*, la dependencia de equipos pequeños y un enfoque global en la consolidación de datos, hoy Amazon, con 1,5 millones de empleados, es casi tan resiliente y ágil como cuando era una *startup*.

Afførd conecta los puntos

La vida en Afførd discurría en silos. Producto formulaba las ofertas del año, Operaciones se preparaba para fabricarla, Marketing la vendía, y así sucesivamente. La dirección revisaba infinidad de hojas de cálculo y presentaciones a medida que los datos y los planes pasaban de silo en silo y, luego, de arriba abajo por la pirámide directiva.

Ahora, los directivos de Afførd ni siquiera tienen que consultar sus sistemas para obtener información. Al igual que en Bloomberg o *The Wall Street Journal*, la IA proporciona diariamente un panel continuo con la información más importante. Los directivos pueden consultar el sistema para obtener datos más detallados, pero la calidad de los informes es tan buena que pocos lo hacen.

El panel ofrece actualizaciones horarias de las previsiones de producción y permite a los directivos profundizar para comprender mejor las configuraciones de maquinaria y de mano de obra que la IA ha determinado como óptimas. El Departamento de Marketing de México puede ver qué ha resultado más eficaz para vender productos similares en España y Colombia. Cuando surgen problemas de calidad, resulta sencillo localizar a los operarios de las máquinas, incluso estando al otro lado del mundo, para preguntarles qué está ocurriendo.

Los traductores universales permiten una comunicación fluida. La información no solo circula sin fricciones, sino que la IA la envía de manera proactiva allá donde resulte más útil.

Estos avances no han sustituido al pensamiento crítico. De hecho, la indagación de alta calidad es más valiosa que nunca. Los directivos necesitan evaluar si realmente están viendo los datos más pertinentes; dedican menos tiempo a la elaboración de informes y más a idear formas creativas de aplicar sus conocimientos. Al pasar menos tiempo obteniendo e ingiriendo datos, se concentran más en sacar el mejor provecho de ellos.

RESUMEN DEL CAPÍTULO

Las organizaciones que equilibran la «inteligencia en todas partes» con un enfoque específico en la misión son mucho más flexibles, resilientes y eficientes que aquellas que completamente centralizan o delegan la autoridad en la toma de decisiones. Las herramientas de comunicación e intercambio de datos basadas en IA reducen la fricción en la colaboración interna y externa: actuando como un «collar neural», permiten una toma de decisiones rápida y localizada, ya que democratizan el acceso a la información y proporcionan una «fuente única de verdad». Con estas herramientas, los equipos pueden volverse modulares, respondiendo con mayor rapidez a los cambios en sus mercados e impulsando la toma de decisiones locales.

Pero la información sin fricciones también tiene sus trampas. Hay que ser cautelosos ante los peligros del pensamiento grupal, el desarrollo de una dependencia excesiva de los resultados medibles y la parálisis por análisis. Los líderes deben alentar la disensión y el juicio humano. Aunque la IA debería configurarse para explorar ideas poco convencionales, los directivos han de resistir la tentación de externalizar la inteligencia humana. Su trabajo, el de la inteligencia humana, es garantizar lo contrario: que la IA actúe como catalizador de la creatividad distribuida, de un aprendizaje más rápido y de una toma de decisiones más rigurosa.

CAPÍTULO 4

TRES CORAZONES

Adaptarse a las necesidades cambiantes teniendo el conjunto adecuado de herramientas de liderazgo

¿Qué clase de dios da a un cefalópodo tres corazones
y a un humano solo uno?
JOY SULLIVAN. *An octopus has three whole hearts* (poema)

Un pulpo se desplaza sobre un arrecife de coral. Dentro de su cuerpo laten tres corazones: un motor sistémico que impulsa la sangre por todo su organismo y dos bombas branquiales que sirven a sus branquias. Un leve rastro químico roza uno de sus brazos: ¡tiburón!

Al instante, las células pigmentarias del pulpo destellan tonalidades rojo coral. Cuando el tiburón embiste, el pulpo ejecuta una hazaña a la que ningún mamífero podría sobrevivir: se autoproduce un infarto. Se detiene su corazón sistémico mientras el par branquial se acelera, inundando su cerebro y extremidades de oxígeno; se constriñe entonces su sifón, lo que lo impulsa hacia adelante mientras expulsa una nube de tinta negra que nubla la visión del tiburón. Un brazo se agita para dirigir, otro huele la corriente en busca de señales de posible refugio, mientras que un tercero roza la arena para trazar su ruta de escape, todos improvisando sin estorbarse entre sí.

A una distancia de cuarenta veces la longitud de su cuerpo, se reinicia el corazón sistémico del pulpo y el color de su piel retorna al habitual gris moteado. Mientras va recuperando sus sentidos, el pulpo comienza a considerar dónde conseguir su próxima comida.

TRES CORAZONES, TRES SISTEMAS DE GESTIÓN

Demasiadas organizaciones dependen de procesos y arquitecturas rígidas. Esto deriva de una suposición de la era del ferrocarril: que la mayoría de las personas carecen del conocimiento necesario para improvisar decisiones estratégicas sólidas.

Esto, en el mundo de la IA, ya no es cierto; y no es que estemos incluyendo a la IA en el organigrama, es que lo estamos reemplazando.

Los líderes que tienden hacia las organizaciones pulpo no dependen de un modelo rígido de «línea y *staff*» en el que las directrices importantes van de arriba abajo. En su lugar, alternan entre tres estilos de gestión, dependiendo del contexto. Cada uno corresponde a un corazón (de los tres) del pulpo:

▶ **Corazón analítico.** Pausar, evaluar los datos, decidir con precisión.

▶ **Corazón ágil.** Ejecutar ráfagas rápidas de acción en los bordes.

▶ **Corazón alineado.** Mantener a la cultura y al propósito latiendo al unísono con las acciones de la organización.

Cada corazón corresponde a un proceso de gestión distinto y se acopla con un estilo de liderazgo complementario. Cuando estas funciones trabajan juntas de manera fluida, hacen que las organizaciones sean ágiles y estén preparadas para desenvolverse en un entorno dinámico e impredecible. La supervivencia depende de la capacidad de alternar: de desconectar el gran corazón analítico cuando sea necesario, impulsar las bombas periféricas y mantener esos motores funcionando al unísono. Toda empresa necesita esa triple cadencia.

Hay que mantener el equilibrio entre el corazón analítico y el corazón ágil. Las organizaciones pueden errar hacia cualquiera de esos extremos. Una gran organización con la que trabaja Stephen presume, orgullosa, de su estructura plana en forma de células, donde los empleados carecen de títulos y no existe jerarquía formal; esto crea rapidez y capacidad de respuesta, pero, a menudo, dentro de la empresa no queda claro quién debe tomar las decisiones difíciles; y esto obstaculiza enormemente la capacidad de la organización para tomar grandes decisiones. Los líderes deben usar el corazón adecuado para el propósito adecuado, tal y como hace el pulpo.

Corazón analítico

Llegas cinco minutos tarde a tu reunión de Zoom con tu consultor, no de Accenture, sino un avatar virtual que posee todo el conocimiento, el tuyo y el de la empresa. Este busca en las bases de datos, incluidas transcripciones de Zoom, estudios de mercado o llamadas con analistas, y puede ayudarte a pensar en los marcos adecuados para tomar las mejores decisiones, sin importarle que llegues tarde: trabaja 24/7 sin quejarse. Pero la IA es tu consultor, no tu sustituto. La IA puede (y debe) asesorarte, pero las decisiones son tuyas. ¿Deberías redoblar la apuesta en lo que te está funcionando ahora o invertir en una nueva iniciativa? ¿Qué equilibrio deberías establecer entre apuestas a corto y a largo plazo?

Este tipo de preguntas implica fijar objetivos, hacer juicios de valor y afrontar riesgos de difícil cuantificación. La IA puede ayudarte a tomar la decisión correcta, pero pasará tiempo antes de que pueda gestionar por sí sola ambigüedades y decisiones difíciles.

Muchas otras cuestiones de gestión son menos opacas y simplemente requieren que el directivo:

- ► Tenga conciencia contextual de la organización y de su entorno.

- ► Ejerza un juicio sólido.

- ► Tome decisiones que sean parte de un conjunto más amplio de acciones.

Inculcar al personal estas habilidades lleva años, pero la IA cada vez se desenvuelve mejor en estas tareas; en algunas, incluso mejor que los humanos. Modificará tu forma de liderar, pero tu trabajo no será lo único que cambie: las herramientas de IA colaborarán también con tus empleados más júnior, haciéndolos capaces de tomar decisiones mucho más complejas.

Entonces, ¿qué es lo que debe hacer un directivo sénior? Cuando los objetivos sean ambiguos y los impactos sistémicos difíciles de evaluar, los líderes deben conservar los derechos de decisión para sí mismos o, en colaboración con herramientas de IA, encontrar los límites de decisión. Una vez definidas las franjas de riesgo, las decisiones deben delegarse en el personal y en la IA. Los gestores van a pasar, de forma creciente, del producto al control de calidad de los procesos: a asegurarse de que el personal aproveche los datos adecuados y formule las preguntas correctas al *software*. La IA no es perfecta, pero sí persuasiva; por eso, el pensamiento crítico y el instinto de los empleados tienen que estar más agudizados que nunca. La IA requiere del genio humano tanto como los humanos necesitan de las herramientas de IA.

Corazón ágil

Nos advierte Rita McGrath (Columbia Business School) que, con demasiada frecuencia, los líderes confunden «suposiciones no probadas… [por] hechos».[32] En lugar de experimentar o ponderar sus opciones de manera sistemática, añade que la actitud predominante es de «supongamos que lo sabemos y al diablo si nos lanzan torpedos; ¡avante a toda máquina!». El corazón ágil es un estilo de liderazgo flexible que aporta seguridad psicológica al personal de primera línea, liberándolo para experimentar y construir, mientras que capacita a la dirección media y alta para tanto vetar como hacer seguimiento de los experimentos.

L'Oréal ofrece un ejemplo brillante de cómo las herramientas de IA y el liderazgo ágil se combinan para obtener resultados. El sector de bienes de consumo envasados es muy sensible a tendencias, sin olvidarnos de la inflación, las disrupciones en la cadena de suministro o los panoramas arancelarios inciertos.[33] L'Oréal se apoya en la IA para analizar constantemente y, así, poder responder a las necesidades de los clientes. TrendSpotter, una de sus herramientas de análisis de mercado, extrae y analiza de continuo datos de miles de millones de fuentes *online*, incluidas redes sociales, blogs y contenido en vídeo, utilizando procesamiento de lenguaje natural (PLN) y algoritmos de reconocimiento de imagen que han sido entrenados con conjuntos multilingües de L'Oreal de toda su huella global.

En el desarrollo de producto, L'Oréal integra la IA en los flujos de I+D mediante sistemas como ModiFace. Este, originalmente creado para *probarse* cosméticos de forma virtual, es usado por los químicos de L'Oréal para simular combinaciones de ingredientes y perfiles de piel.

El *pipeline* de «datos a producto» de L'Oréal es significativamente más rápido y preciso que los métodos tradicionales, pero sus sistemas de innovación no se limitan al área de IT. El liderazgo permite a su *staff* iterar con rapidez, sin capas de aprobación central, de modo que los equipos puedan ser los primeros en atender necesidades concretas del mercado o cambios en el comportamiento del consumidor. Los resultados pueden ser asombrosos: L'Oréal ha llegado a pasar del concepto al producto en estantería en apenas seis semanas.

¿Qué capacidad tienen tus mandos intermedios para detectar amenazas, evaluar innovaciones y convertirlas en oportunidades? Hacerlo bien exige de:

1) **Detección eficaz de tendencias**. Como L'Oréal, utiliza herramientas de escucha social y ten una primera línea empoderada para anticipar los cambios del mercado.

2) **Evaluación tipo capital riesgo de oportunidades y amenazas**. Fomenta una alta tolerancia al riesgo, enfatizando apuestas escalables sobre retornos garantizados. Permite a los mandos intermedios tratar nuevas oportunidades como apuestas especulativas pero comprobables, sin miedo a represalias si un experimento falla.

3) **Estrategia de cartera, con equipos distribuidos trabajando en conceptos independientes**. Piensa de forma asimétrica sobre ganancias y pérdidas, asumiendo que el 90 % de las ideas fracasará. Usa herramientas de IA para apoyar decisiones y asignar recursos basándote en evaluaciones continuas de viabilidad.

4) **Estructura para aprender, sin política de éxitos y fracasos**. Establece métricas que permitan a tus equipos evaluar si un concepto ha fracasado. Ataja pérdidas pronto y haz autopsias para que se asimilen las lecciones aprendidas. Crucial: documenta lo hecho.

5) **Redoblar con rapidez la apuesta en las oportunidades más prometedoras**. Evita enfoques dispersos al escalar. Anticipa pocos *unicornios*, pero, cuando aparezcan, aprovéchalos agresivamente.

Idealmente, las capacidades 1 a 4 deberían ser casi totalmente independientes del liderazgo sénior. Además de su valor para gestionar disrupciones, la agilidad y flexibilidad se volverán esenciales en tu negocio principal. Tras años de expectación, la hiperpersonalización —*marketing* dirigido a individuos— por fin es práctica, igual que otras tácticas ultradirigidas que antes parecían imposibles.

Plataforma Scintilla de Walmart: impulsar la agilidad mediante la colaboración comerciante-proveedor

Creada por Walmart Data Ventures, Scintilla aprovecha la IA para integrar datos en tiempo real de la cadena de suministro, puntos de contacto con clientes (*online* y en tienda) y tendencias externas. Esta plataforma de analítica de extremo a extremo ofrece información tanto a Walmart como a sus proveedores. Cuando las políticas de comercio internacional cambian, los costes de los productos varían rápidamente y la disponibilidad puede reducirse drásticamente; Scintilla minimiza la disrupción al ofrecer información oportuna sobre alternativas de aprovisionamiento, impactos en los costes y ajustes de inventario: esto permite a Walmart rápidamente redirigir los envíos y modificar los contratos con proveedores. Los proveedores, a su vez, obtienen visibilidad de las necesidades cambiantes de Walmart, lo que les permite ajustar de forma sincronizada sus planes de producción y distribución.

Mediante analítica predictiva, la plataforma identifica tendencias emergentes en el comportamiento de los clientes, desde cambios estacionales hasta preferencias impulsadas por el estilo de vida. Walmart y sus proveedores utilizan estas percepciones para optimizar el surtido, los precios y las promociones. El servicio *in-home usage tests* de la plataforma permite, a quienes estén suscritos, realizar investigaciones con clientes verificados de Walmart, generando información sobre cómo se utilizan los productos en entornos reales.

En última instancia, Scintilla hace algo más que ayudar a volverse más ágiles tanto a Walmart como a sus socios externos: profundiza la colaboración entre ellos.

Corazón alineado

El corazón alineado garantiza que —en medio de la hipervelocidad de los negocios en la era de la IA— la cultura y el propósito sigan siendo guías y motores de la motivación de los empleados, algo hoy más crucial que nunca. Puede que tengas que conducir a tu gente a través de un «valle de desesperación». Dejemos claro el reto al que podemos enfrentarnos: la adopción de la IA alterará la forma en la que el personal se relaciona con sus funciones y responsabilidades, lo que podría mermar su motivación y satisfacción.

En un estudio de 2025, investigadores de la Universidad de Zhejiang analizaron cómo la colaboración con IA generativa impactaba en la psicología del trabajador. Hallaron una clara correlación: aunque las tareas se completaban mejor y más rápidamente con IA, las motivaciones intrínsecas de los trabajadores eran «socavadas» y permanecían así incluso tras ser retirados los apoyos de IA.[34] La IA llevó a las personas a sentirse aburridas o desconectadas de su trabajo.

A nivel macro, vemos señales de que el uso de IA se correlaciona con descensos en la satisfacción laboral. Un análisis económico de investigadores de la Universidad de Emory en 2025 utilizó reseñas de *Glassdoor* para medir la satisfacción en empleos con alta y baja exposición a IA. Observaron una relación entre una mayor exposición a la IA, menor satisfacción y peor equilibrio vida-trabajo.[35] Esto no implica que la IA sea intrínsecamente negativa, pero sí sugiere que algunas formas de adoptarla deben cambiar. Para superar la resistencia, asume tu papel de generador de cultura, ejemplifica los valores y anima a los empleados a comprometerse con su propósito.

Como señala Jordi Canals (IESE), los directivos en empresas con sistemas de IA deben priorizar «visión, valores, determinación, pasión, coherencia y creatividad» por encima de las operaciones.[36] Alex Adamopoulos, fundador y CEO de Emergn, enfatiza que los líderes deben tener una idea clara —aunque no sea cuantificable— de lo que significa «ser grandes»: «Cuando las organizaciones van a emprender una transformación…, pedimos que respondan a una pregunta: ¿qué significa "[ser] grande"? "Grande" no responde solo a resultados; el concepto "grande" es emocional. Esa conversación es importante, pues ayuda a la organización a decidir si realmente cree en su propósito».[37]

Definir un propósito compartido resultará crítico porque, lejos de dejar de lado a los humanos, el uso de la IA exige que tu gente sea más humana que nunca. La IA automatizará lo automatizable, pero los lideres necesitarán a personas para hacer lo que la IA no puede.

No trates a las personas como robots

El corazón alineado usa la intuición y la empatía humana para:

▶ **Entender lo que la gente necesita.** La IA promete eficiencia, pero tropieza ante la profunda complejidad de las dinámicas de grupo. Solo líderes humanos pueden afrontar el descontento, escuchar las quejas y construir confianza. Para hacerlo se necesita de una sensibilidad ante las emociones e interacciones humanas que ningún algoritmo puede replicar.

▶ **Responder a la imprevisibilidad.** La IA sobresale cuando hay abundancia de datos, pero, cuando se enfrenta a la incertidumbre y a la escasez de datos, sus fortalezas se convierten en limitaciones. La determinación y la capacidad de respuesta ante lo imprevisible son cualidades humanas. Recuerda: los datos se refieren, por naturaleza, al pasado; por muy útiles que sean como punto de partida para las predicciones, los humanos deben conservar la flexibilidad para adaptarse cuando la realidad se desvía de sus propias extrapolaciones o de las de la IA.

▶ **Inspirar a otros.** No atribuyamos demasiado mérito a la IA. Las herramientas de IA generativa suelen estar diseñadas para encontrar la respuesta más probable, no la mejor. Los humanos destacan por su capacidad de imaginar posibilidades y movilizar a otros para perseguirlas. La IA exige liderazgo y los líderes son quienes lideran: la IA no lo hace.

No des trabajos de robot a la gente

Tu papel como generador de cultura debe estar claro, pero ¿qué pasos prácticos puedes dar para proteger y mejorar la satisfacción laboral de tu gente? He aquí algunas recomendaciones:

1. **Enmarca la IA como una ampliación, no como un reemplazo, del trabajo significativo.** Las herramientas de IA pueden encargarse de tareas repetitivas, no seguras o de baja autonomía y mejorar el trabajo que implica interacción humana, creatividad y juicio, pero nunca deben plantearse como «sustitutos» de los trabajadores humanos. Descubre qué aspectos de sus empleos resultan más satisfactorios a los empleados y protégelos de la «externalización a IA».

2. **Promueve (e invierte en) el aprendizaje continuo y el desarrollo de competencias en IA.** El miedo a la obsolescencia es un factor clave de la insatisfacción laboral vinculada a la IA, así que presenta la IA más como una oportunidad que como una amenaza. Apoya a los empleados mientras estos se alfabetizan en IA, subrayando cómo las competencias en IA les abren oportunidades de movilidad dentro de tu organización. Refuerza la formación en juicio estratégico y habilidades de comunicación: recuerda que estas serán vitales para los empleados en etapas tempranas de su carrera, que deberán tomar decisiones más complejas que nunca.

3. **Fomenta la seguridad psicológica y la comunicación transparente.** La adopción de la IA debe implicar un diálogo entre el liderazgo y el personal de primera línea. Incentiva tanto la retroalimentación como la participación de los empleados en el diseño, prueba e implementación de las herramientas de IA. Aborda abiertamente sus temores respecto de la IA y la seguridad laboral, destacando cómo la IA orientará el trabajo hacia direcciones más significativas para ellos.

4. **Mide el impacto de forma continua.** Evalúa periódicamente la satisfacción laboral, los niveles de estrés y las preocupaciones relacionadas con la IA. La línea de base, previa a la adopción, debe compararse con encuestas de seguimiento en los primeros meses de implementación y de nuevo, de los seis a los nueve meses, al tiempo que se abordan activamente los problemas del personal.

La adopción de la IA es mucho más que un despliegue tecnológico. Es un proceso de cambio en la gestión. Si no reconoces y afrontas explícitamente las formas en que la IA afecta a la satisfacción y al propósito laboral, el proceso puede fácilmente derivar en una plantilla menos comprometida y menos motivada. Como agente de cambio y generador de cultura, te corresponde asegurar que tu plantilla vea la IA como una parte necesaria y orgánica dentro de una historia organizativa más amplia, no como un intruso.

ESTUDIO DE CASO: Un líder global gestiona la investigación médica desde enfoques múltiples

Las organizaciones sanitarias tienden a basarse en procedimientos y ser contrarias al riesgo, independientemente de que su especialidad sean la neurocirugía de alto riesgo o las revisiones rutinarias. La mayoría de sus líderes priorizan los corazones analíticos con razón. Pero los procesos que minimizan el riesgo pueden no adaptarse bien a los investigadores que buscan grandes avances.

Mass General Brigham (MGB), sistema de salud de primer nivel radicado en Nueva Inglaterra y uno de los mayores centros de investigación médica del mundo, equilibra con éxito sus corazones analítico, ágil y alineado en la gestión de sus reconocidos programas de investigación. La organización combina sistemas tanto de arriba abajo como de abajo arriba; sistemas que aportan estructura cuando es necesaria, al tiempo que fomentan la colaboración entre toda la organización y empoderan al personal para comercializar sus hallazgos.

Gran parte de la investigación médica primaria de MGB se lleva a cabo dentro de centros de excelencia establecidos donde los investigadores estudian enfermedades, afecciones y tratamientos específicos. Los centros reúnen a expertos en la materia y ayudan a MGB a compartir costes indirectos. Al mismo tiempo, este modelo mejora las posibilidades de obtener subvenciones externas. Una oficina de ensayos clínicos también sistematiza el desarrollo, la negociación y la ejecución de investigaciones clínicas patrocinadas por la industria. En conjunto, estas estructuras suavizan los riesgos, maximizan la financiación y reducen los costes de la innovación. Son el corazón analítico en acción. Pero MGB también faculta a sus investigadores y clínicos para encontrar formas innovadoras de traducir su investigación en tratamientos y soluciones médicas: el corazón ágil.

Mass General Brigham Innovation, un equipo interno de comercialización, proporciona formación y recursos para ayudar a los innovadores a registrar patentes e identificar posibles inversores. Su *Innovation MESH Network* es un portal en línea que facilita las conexiones entre clínicos, investigadores, cofundadores e inversores.

Otro grupo, Mass General Brigham Ventures, colabora con socios para invertir en *startups* de ciencias médicas, en fases iniciales, basadas en propiedad intelectual creada dentro de la comunidad investigadora de MGB. Combinando los beneficios de la innovación abierta y de un fondo de capital riesgo interno, estos programas ayudan a investigadores y clínicos a conectar, colaborar y comercializar sus descubrimientos sin tener que seguir un proceso estrictamente lineal.

Por último, la Digital Clinical Research Organization de MGB ayuda a socios de la industria a desarrollar y lanzar productos de «*software* como dispositivo médico». Empresas grandes y pequeñas trabajan con el CRO (*conversion rate optimization*) de IA para perfeccionar algoritmos, obtener asesoramiento sobre despliegue e integración clínica y validar y lograr la aprobación regulatoria de las nuevas herramientas.

El programa ayuda a garantizar que la IA se use de modo clínicamente relevante y con impacto para los pacientes.

Impulsando el esfuerzo por integrar los servicios clínicos, académicos y comerciales de Mass General Brigham está su presidenta y CEO, Anne Klibanski, quien personifica el corazón alineado. Bajo su liderazgo, como muestra, MGB lanzó «For Every Patient», un compromiso de «ofrecer una atención personalizada y de alta calidad basada en la equidad».[38] Ella también recurre a los más de doscientos años de historia de MGB para reforzar sus principios fundamentales y su visión a largo plazo.

El director de Estrategia, Andy Shin, ve asimismo posibilidades para ampliar el liderazgo del corazón ágil en todo MGB al tiempo que se refuerza su corazón alineado. Aprovechando los recientes resultados de un grupo de trabajo para todo el sistema, que se centraba en mejorar el bienestar y la experiencia de su personal, MGB ha probado con asistentes de IA para médicos de atención primaria (PCP). Estos asistentes transcriben notas, completan historiales médicos electrónicos, señalan antecedentes familiares relevantes y hacen seguimiento de las preferencias de los pacientes que fácilmente podrían pasarse por alto. El objetivo es permitir a los PCP centrar su atención en interacciones más profundas con los pacientes. Shin nos explicó:

> Este es un estribillo común que oirás repetir a los PCP: «O soy humano o soy robot». Se hallan atrapados en ese punto donde por un lado se les pide que realicen comportamientos propios de la automatización, donde deben ser consistentes e introducir todos estos datos para que podamos coordinar la atención en las herramientas que tenemos…, y por otro han de centrarse en las partes *humanas* de sus funciones.
>
> La IA ha conseguido liberar a los PCP de gran parte de la introducción de datos, pero va más allá. Los asistentes de IA no están simplemente para conciliar información; de he-

cho, superan lo que los humanos pueden hacer, consolidando enormes volúmenes de datos de pacientes y estableciendo conexiones importantes que pueden ayudar al PCP a personalizar su atención.[39]

Con la IA, los PCP no solo quedan liberados para volver a centrarse en las partes *humanas* de sus funciones. La IA los faculta para actuar con mayor decisión en el momento, extrayendo conocimientos de información dispar y presentándolos de forma accesible.

Los programas de MGB equilibran resultados deliberados con autonomía individual, todo ello mientras se trabaja para satisfacer un conjunto común de compromisos que unen los distintos brazos de la organización. Para hacerlo, MGB emplea sus tres corazones.

Afførd va más allá del corazón analítico

Al gestionar su organización, tradicionalmente jerárquica, el equipo directivo de Afførd priorizaba el corazón analítico. Se centraban en limitar riesgos, controlar la consistencia de los resultados y garantizar que todas las piezas de su sistema, integrado verticalmente, encajaran. La agilidad y la alineación eran menos importantes.

La IA cambió el panorama. Cuando el inventario de piezas personalizables y estilos de mobiliario de la empresa pasó a estar disponible para su creciente lista de colaboradores externos, la innovación interna se disparó. Con la fabricación y las compras simplificadas, los equipos de Afførd ahora están explorando nuevos servicios de diseño. La empresa ha puesto a prueba alianzas de diseño con varias firmas de bienes inmuebles comerciales y espacios de *coworking*.

A medida que las antiguas ventajas de la escala y la integración se desvanecían, surgieron nuevas *startups* que desafiaban a los operadores tradicionales. Afførd ha mantenido a raya a esos nuevos actores con un estilo de gestión igualmente propio del corazón ágil. En ocasiones incluso financia, produce y distribuye bienes para estas entidades.

Esos grandes cambios requieren de nuevas competencias del corazón alineado. Las formas nuevas y más flexibles de trabajar no encajaron inicialmente con todos los equipos. Algunos trabajadores habían perfeccionado sus oficios durante décadas y se resistían a la idea de estar en riesgo de volverse prescindibles. La dirección de Afførd lo reconoció y admitió, e hizo lo posible por ayudar, ofreciendo indemnizaciones generosas y servicios de recolocación para aquellos cuyos empleos realmente quedaban obsoletos; invirtió mucho en la recapacitación de quienes, en función de sus nuevas descripciones de puesto, lo necesitaban. La directiva también subrayó las ventajas de convertirse en una empresa en la que cada trabajador tendría más autonomía y más voz en las operaciones cotidianas de la compañía.

Sí, algunas formas de trabajo necesitaban cambiar, pero Afførd se comprometió a cumplir con su promesa de ofrecer productos de alta calidad, fabricados de manera sostenible, a precios competitivos. Sus formas de trabajar habían cambiado, pero los valores fundamentales de la empresa no.

RESUMEN DEL CAPÍTULO

En entornos volátiles, los líderes no pueden aferrarse a un único y rígido estilo de gestión. Deben alternar entre tres estilos para afrontar distintos desafíos. El corazón analítico enfatiza la toma de decisiones basada en datos; el corazón ágil respalda la experimentación rápida y la autonomía de la primera línea; y el corazón alineado garantiza la cohesión cultural y el propósito.

CAPÍTULO 5

RESILIENCIA IMPULSADA POR ARN

Acelerar la acción y la innovación en primera línea mediante una percepción precisa

Not just skin but script it bends, octopus edits where survival depends
(«No solo piel sino el guion moldea, el pulpo edita cuando la supervivencia está en juego»).
CHATGPT

A gua templada se desliza sobre el arrecife cuando, de repente, desde la profundidad surge una corriente fría. El pulpo, en plena caza, siente cómo sus músculos se vuelven pesados, como si el tiempo se ralentizase. Sus neuronas se disparan más despacio en el frío y el pez al que perseguía se escapa.

Dentro del cuerpo del pulpo, silenciosamente se produce un intento de rescate. Millones de hebras de ARN mensajero recién creadas son capturadas por enzimas ADAR, editores moleculares del pulpo, que ajustan la composición de ciertas proteínas para aclimatarlas a temperaturas más frías.[40] En cuestión de horas, nuevas proteínas adaptadas al agua fría sustituyen a las anteriores, más lentas; los brazos del pulpo recuperan su agilidad y la caza prosigue como si nada hubiera ocurrido.

CAMBIANDO DE ADN A ARN

Cuando la mayoría de las organizaciones se topan de repente con una corriente nueva (un *shock* de tipos de interés, un desplome de la demanda, una regulación onerosa), se paralizan, recortan sus actividades y esperan a que mejore el clima. Como los antiguos amonites, flaquean porque su «ADN» operativo es demasiado rígido para afrontar un cambio rápido.

Las organizaciones pulpo reprograman sus procesos y estructuras. Son cambios que van más allá de la comunicación fluida o el control descentralizado. Del mismo modo que el pulpo reescribe su ARN para ajustar sus mecanismos de supervivencia, las organizaciones pulpo transforman sus núcleos desde dentro.

Al igual que el pulpo, la organización pulpo está constantemente en modo detección y reconfiguración, siempre buscando señales tempranas y adaptándose antes de que el cambio afecte a su cuenta de resultados. La adaptación no un destino fijo, es un proceso continuo. Mientras los altos ejecutivos mantienen un cuadro de mando de actividades, las organizaciones pulpo ponen en marcha la producción nuevos procesos y retiran los antiguos con solo una mínima dirección, mucho antes de que los clientes o los informes financieros sientan el frío.

El pulpo no convoca un comité: edita la transcripción activa antes de que su precioso tiempo (y oxígeno) se agote. En las páginas siguientes, mostraremos cómo incrustar esa misma capacidad en tu organización, convirtiendo a los asistentes de IA, a los procesos modulares y a los «editores» de mandos intermedios en una capa viva de ARN capaz de recodificar la estrategia sobre la marcha.

La supervivencia en la era de la IA no dependerá de planes maestros rígidos dictados desde arriba. Dependerá de la rapidez con que seas capaz de adaptarte.

ACELERAR TU ARN REQUIERE HACER EVOLUCIONAR INTENCIONALMENTE TU ADN

Una de las grandes lecciones de la crisis de la covid fue lo mal preparados que estaban la mayoría de los Gobiernos para hacer frente a las disrupciones que desencadenó. Aunque las medidas de salud pública, las vacunas y la medicina avanzada habían hecho que las pandemias fueran menos frecuentes y devastadoras que en el pasado, los virus son notoriamente adaptables. Lejos de ser anomalías históricas, los contagios masivos son hechos propios de sociedades modernas e interconectadas: cuanto más modernas e interconectadas, más inevitables. Además, las recientes alertas por SARS y ébola inducían a pensar que los Gobiernos se habrían preparado mejor para «la gran pandemia».[41]

Tan adversas al riesgo y tan estratégicamente orientadas como suelen ser las grandes corporaciones, la mayoría fueron tan sorprendidas por el virus como los Gobiernos. Ocho de las diez mayores compañías que cotizan en bolsa de Estados Unidos, en sus informes a la SEC previos a 2020, ni siquiera mencionaron las pandemias globales como un riesgo material. Pocas tenían un plan B preparado al inicio de los confinamientos.

La pandemia golpeó con fuerza. Sin embargo, muchos de sus peores efectos derivaron de problemas largamente preexistentes e ignorados por los líderes. El cortoplacismo y la fragilidad de las cadenas globales de suministro eran riesgos evidentes que podrían haberse corregido. Las empresas que supieron qué buscar y tomaron la iniciativa partiendo de lo que observaron ofrecieron poderosas demostraciones de *wei-ji*, un compuesto chino para *crisis* —«peligro» (*wei*) y «oportunidad» (*ji*)—. Quienes estén preparados podrán encontrar ventajas en una crisis.

Consideremos a Amazon. Suministró a sus clientes productos que otros minoristas no podían ofrecer. Pensó a lo grande y desplegó sus propios barcos, atracándolos en puertos de la costa este menos congestionados que el de Los Ángeles. Ya en 2016, Amazon había solicitado una licencia para convertirse en su propio transportador de mercancías. Mientras sus competidores estaban paralizados por la escasez de contenedores de transporte, Amazon comenzó a fabricárselos. Al final del *annus horribilis* de 2020, los beneficios netos de Amazon habían aumentado un 84 %.

Durante la pandemia, y gracias a dos capacidades clave, Toyota se convirtió en el mayor fabricante de automóviles del mundo. Ya había diseñado sus operaciones para lograr la máxima flexibilidad, así que, cuando la demanda cambió, pudo reconfigurar rápidamente sus líneas de producción para fabricar camiones de reparto en lugar de monovolúmenes. También mantenían reservas de componentes que procedían de fuentes únicas, potencialmente vulnerables. Esa segunda capacidad no fue resultado de una clarividencia sobrenatural: fue una respuesta pragmática a un fracaso costoso. Durante el desastre nuclear de Fukushima en 2011, Toyota tuvo que detener la producción porque no tenía acceso a los componentes fabricados allí. Para protegerse de futuras disrupciones, mantuvo reservas de seis meses de 250 componentes clave.

Al igual que los pulpos, Amazon y Toyota fueron campeones de la adaptabilidad; con la ayuda de la IA, tu organización también puede serlo. Vivimos en una era volátil. Si los líderes quieren seguir creando valor, deberán mejorar dos capacidades que han sido descuidadas en los últimos años: la resiliencia y la previsión.

EL PODER DE LA SUPERDETECCIÓN

Por muy gran disruptor que sea la IA, también posibilita la resiliencia y la clarividencia que pueden convertir la disrupción en oportunidad. La condición previa para lograrlo es la detección.

Como el pulpo, que utiliza sus aproximadamente 2000 ventosas para «oler» el agua en busca de depredadores y presas, las organizaciones pulpo utilizan la IA para crear mapas de 360 grados de sus entornos externos e internos. Recogen y analizan enormes volúmenes de datos para revelar estructuras dentro de lo aparentemente no estructurado. Detectan problemas antes de que se metastaticen y reconocen oportunidades para impulsar una mayor eficiencia o crear nuevos productos.

El elemento humano es más crítico que nunca. Para identificar amenazas y oportunidades, los líderes deben reconocer tanto las implicaciones positivas como las negativas de entre los múltiples «qué pasaría si» que los rodean. Por ejemplo, ¿cómo afectará a tu negocio la colisión de cuestiones financieras, operativas, externas y estratégicas? ¿Cómo podrían combinarse la inflación, las disrupciones en la cadena de suministro y un ciberataque a nivel nacional para impactarte?

Aunque el futuro exacto suele ser una sorpresa, a menudo es posible conocer el abanico de las posibilidades y cuánto tiempo tienes para reaccionar. Una sólida capacidad de inteligencia incrementa la clarividencia y la precisión de tus respuestas.

¿QUÉ VALE MÁS QUE LOS DATOS?: LA INTIMIDAD CON EL CLIENTE

Detectar es una cosa, comprender es otra. Mientras el mundo gira a nuestro alrededor, las prioridades de tus clientes —sus *jobs to be done*[42]— probablemente no cambien rápidamente. Comprender profundamente esas prioridades, incluso en medio de cambios acelerados, puede ser tu estrella polar.

Como muestra, Procter & Gamble (P & G) utiliza la IA tanto para gestionar su cadena de suministro como para mantenerse más cerca de sus clientes. Cuando se necesitan *insights* de clientes —por ejemplo, de una persona que hace la colada en Delhi—, la IA crea instantáneamente un consumidor sintético para que los especialistas en *marketing* lo entrevisten. Al mismo tiempo, P & G encuesta constantemente a consumidores reales, entrevistándolos en profundidad, pues las personas reales nos pueden decir cosas que no pueden los bots de IA. P & G descubrió que un *job to be done* crítico para quienes usan detergentes prémium es tremendamente humano: el sentir que están siendo buenos padres.

Además, P & G entrena de forma generalizada a su personal para que reconozca y responda a las necesidades de los consumidores. Aunque hay muchos profesionales de *insights* («percepciones») en la organización, comprender al consumidor no es función exclusiva de un sumo sacerdocio de personas especialmente ungidas. Todos los miembros de los equipos de marca comprenden cómo se interpretan los datos de *insights*, de modo que la democratización de estos *insights*, a través de toda la organización, pueda traducirse en acciones correspondientes.

Una poderosa forma de utilizar la IA es ayudar a las organizaciones a comprender qué conocimientos tenemos y cuáles no. Para hacerlo, categorizar los factores en cuatro grupos ayuda:

- ▶ **Conocimientos conocidos** (*Known Knowns*). Cosas que ocurrirán con bastante certeza.
- ▶ **Conocimientos desconocidos** (*Known Unknowns*). Cosas que sabes que puedes descubrir pero aún no has descubierto.
- ▶ **Desconocimientos conocidos** (*Unknown Knowns*). Conocimiento disponible pero no considerado.
- ▶ **Desconocimientos desconocidos** (*Unknown Unknowns*). A menudo los más letales de todos: las cosas que «no sabes que no sabes».

La plataforma impulsada por IA Deep Brew, de Starbucks, ilustra el papel que estas cuatro categorías de conocimiento pueden desempeñar en las transformaciones empresariales.

- ▶ **Conocidos conocidos.** Starbucks sabe que la interacción digital es una de sus principales fortalezas; los miembros de su *app* de fidelidad aportan casi la mitad de sus ingresos. Este conocimiento condujo a una conclusión estratégica: que la personalización basada en datos impulsa la fidelidad del cliente y el crecimiento.
- ▶ **Conocidos desconocidos.** Gracias a la analítica de Deep Brew, Starbucks reconoció carencias en sus capacidades, como su habili-

dad para predecir cambios en la demanda local o afinar la dotación de personal tienda por tienda, e invirtió activamente en soluciones.

- ▶ **Desconocidos conocidos.** El análisis de datos reveló que Starbucks poseía información valiosa que no estaba aprovechando plenamente. Por ejemplo, el 43 % de los consumidores de té en casa no añaden azúcar: este *insight* condujo a nuevos productos de té sin azúcar.

- ▶ **Desconocidos desconocidos.** Un acontecimiento totalmente imprevisto, la pandemia de covid, provocó que los clientes se volcaran masivamente en los pedidos por móvil y las recogidas. Starbucks se adaptó reutilizando sus conjuntos de datos en tiempo real, incluso rastreando tasas locales de vacunación para dirigir cambios inesperados, tanto en el formato de las tiendas (como añadir o eliminar recogidas en coche y ubicaciones solo para recogida). La agilidad de la organización, impulsada por el *software*, les ayudó a sortear la disrupción y aprovechar oportunidades emergentes.

Los bucles de retroalimentación de abajo arriba son fundamentales para garantizar que los cuatro tipos de conocimiento estén sincronizados. Algunos de los peores fracasos de inteligencia (como el 11 de septiembre de 2001 en EE. UU. y el 7 de octubre de 2023 en Israel) ocurren cuando la gente sobre el terreno sospecha que algo anda mal pero sus informes no llegan a los responsables de la toma de decisiones debido a trabas burocráticas. Más a menudo aún, el personal autocensura, por miedo, *sus* percepciones críticas. La capacidad de la IA para compartir la información adecuada con las personas adecuadas en el momento adecuado marca una gran diferencia.

Jonathan recuerda una incómoda ocasión en HP, cuando reconoció una potencial oportunidad de mercado que responsables de decisiones al más alto nivel ignoraban. En 2009 se sentó con un directivo para hablar de un componente crítico de pantalla táctil que estaba desarrollando uno de sus clientes; su idea tuvo una acogida fría. Cuando Jonathan preguntó por qué HP no estaba persiguiendo el mercado de dispositivos táctiles de manera más agresiva, le dijeron que esperaban el lanzamiento del iPad de Apple para poder seguir su estela de cerca. Y luego, mientras Apple se hacía con el futuro, HP esperaba a que Microsoft lanzase un sistema operativo capaz de competir con iOS. Después de que nada de eso funcionase, compró Palm, una compañía rezagada, intentando aprovechar su ya desfasado sistema operativo para competir en teléfonos y tabletas; cuando eso fracasó, intentó lanzar dispositivos con la plataforma Android de Google. Un trimestre después, esos dispositivos estaban en liquidación.

Hoy, Apple vale sesenta veces más que HP y Hewlett Packard Enterprise combinadas. Pudiendo haber dominado ese mercado, apenas llegaron a estar en él. HP, con acierto, reconoció que es difícil desarrollar el *hardware* de forma orgánica ya que se mueve a la velocidad de las cadenas de suministro globales. Pero, erróneamente, asumió que podría usar su peso para comprarse una posición en el mercado.

HP perdió por hacerlo todo bien. Gestionó cuidadosamente su perfil de riesgo, permitiendo que otras empresas realizaran las inversiones costosas, mientras solo desplegaba su propio capital para obtener beneficios previsibles. Pero, al no innovar ni asumir riesgos, perdió las ventajas que corresponden a los pioneros. Vio el futuro, pero no comprendió sus implicaciones. La IA, ciertamente, habría ayudado a desarrollar esa comprensión de manera imparcial.[43]

SINTAXIS VS. CONTEXTO

HP, como la mayoría de las grandes empresas, depende en gran medida de los procedimientos operativos estándar (SOP). Los SOP existen por una razón: permitir la velocidad y la escala; los empleados que interfieren con ellos lo hacen por su cuenta y riesgo. Al igual que los lenguajes, esos sistemas tienen dos componentes: sintaxis y contexto. La sintaxis se basa en reglas para que se pueda comprender fácilmente, pero el contexto es, además de difícil de interpretar, casi imposible de escalar. Depende del conocimiento histórico y de las costumbres locales; desafortunadamente, ahí residen algunos de los impulsores y bloqueadores de oportunidades más importantes.

Stephen se enfrentó a esta situación en 1999. La empresa británica donde trabajaba, Psion PLC, inventó la PDA —o asistente digital personal— en los años 80. La compañía estaba orgullosa de su tecnología sofisticada, y con razón: en 1999, las PDA de Psion podían incluso enviar faxes (aunque sigue siendo una incógnita por qué alguien querría hacer eso). El CEO de la empresa encargó a Stephen, con una sintaxis bastante clara, que rápidamente produjese un *smartphone* para lanzarlo al mercado, haciendo que Psion volviese a ser pionera. Lo que quedaba poco claro era el contexto. Los clientes de Psion siempre habían sido de alto poder adquisitivo; al poner en la mesa sus PDA de Psion, transmitían un signo de verdadero estatus en una reunión. Dado el contexto, el objetivo era crear un dispositivo de gama aún más alta: ¡pantalla en color, conectividad de datos rápida... y juegos! Al ir añadiendo características, las dependencias de proveedores externos no hacían más que crecer. Finalmente, les falló un proveedor clave de *software* y el proyecto se archivó antes de entrar en producción.

Un solitario diseñador industrial había defendido un rumbo diferente. «Hagamos un dispositivo barato —decía— que solo pueda hacer llamadas, enviar mensajes de texto y correos electrónicos. Hagámoslo simple y dirijámonos a adolescentes y jóvenes adultos [quienes, con sus teléfonos rudimentarios, ya empezaban a comunicarse de esa forma]». Aún siendo un visionario (estaba describiendo lo que pronto se convertiría en la BlackBerry), el producto imaginado por el diseñador chocaba con el contexto de la empresa: lo «suficientemente bueno» no encajaba con la marca de Psion, ni con sus relaciones con los clientes, ni con sus sofisticadas capacidades tecnológicas o sus canales de ventas. Fue ignorado. No importaba que tuviera razón.

La IA puede ayudar de varias maneras a evitar este tipo de errores:

1. **Traduciendo el contexto a través de lindes.** Al monitorizar las comunicaciones entre silos funcionales y geografías, la IA ofrece

una conciencia situacional sin precedentes, transformando contextos locales oscuros en inteligencia procesable.

2. **Habilitando la ruptura inteligente de reglas.** La IA proporciona una red de seguridad —calculando los riesgos y beneficios de la desviación— cuando las condiciones parecen justificar la suspensión de procedimientos operativos establecidos en el tiempo.

3. **Acelerando la inteligencia colectiva.** La IA conecta *insights*, experimentos y aprendizajes que previamente permanecían aislados en toda tu organización. Piensa en ello como si fuese un bien de conocimiento común, donde las innovaciones de un «brazo» de tu organización pueden de inmediato beneficiar a otros. Y la IA se puede entrenar para plantear esas preguntas difíciles que, a menudo, el contexto deja de lado.

Las claves para liberar estas capacidades:

► Elimina las barreras entre los sistemas de IA, de modo que puedan comunicarse mejor entre sí y aportar más conocimiento.
► Democratiza el acceso a la información a través de la empresa para que sean más quienes se beneficien de ella.
► Incentiva a los equipos a compartir inteligencia en lugar de acapararla.

DISEÑANDO TU ARN PARA AUMENTAR TU ADAPTABILIDAD

El amonites no podía cambiar su concha. Pero un pulpo es un cambiador de formas; puede alterar su color y su forma para imitar a un lenguado, a una roca o a un trozo de alga marina, engañando así a depredadores y presas. Las operaciones ágiles también permiten a las organizaciones pulpo cambiar de forma. Dado que la IA puede gestionar la complejidad a escala, puede leer y clasificar datos de clientes de modo que permite una personalización mucho mayor de la realizable por seres humanos. Esto posibilita, por ejemplo, la selección y el precio de productos a medida. En industrias altamente competitivas, la diferenciación continua no solo retiene a los clientes leales, sino que atrae a otros nuevos. Un ejemplo es lo que hace Zara, gigante de la moda, readaptando sus cadenas de suministro y sus líneas de montaje para sacar nuevos productos en semanas en lugar de meses.

La IA también ayuda a los humanos a aprovechar el lado positivo de la incertidumbre evaluando la idoneidad de la inversión en productos y capacidades. Deepinvent, por ejemplo, ayuda a los inventores a analizar el panorama de la propiedad intelectual en busca de oportunidades de mercado.

La IA puede crear modelos sofisticados para comprobar supuestos, analizar y asesorar. Pero, para ello, los seres humanos seguirán necesitando formular las preguntas adecuadas. Las empresas más innovadoras, cuando experimentan, siguen un proceso de cinco pasos:

1. Primero, establece lo que sabes, lo que no sabes y lo que no puedes saber (esos *known knowns* y *unknown unknowns*), incluidos cualesquiera factores X que podrían trastocar todo (como una pandemia global).

2. A continuación, intenta crear esas hipótesis clave que quieres probar, asegurándote de que te basas en los *jobs to be done* de clientes y *stakeholders* clave.

3. Considera cómo pueden probarse las hipótesis (modelos informáticos; pilotos limitados con paneles A/B; pruebas cualitativas con entrevistas en profundidad; etc.) y las métricas que utilizarás para evaluar los resultados. Idealmente, deberías diseñar múltiples procesos de prueba dirigidos a contextos distintos, introduciendo

un nivel de complejidad que querrías evitar si fueran humanos, en lugar de la IA, quienes tuvieran que analizar los resultados.

4. Sopesa los posibles costes y riesgos, así como los posibles retornos. Prioriza tus iniciativas en consecuencia.

5. Finalmente, establece un sistema que te permita gestionar tu porfolio de innovación constantemente, rápidamente iterando o dando por terminadas las iniciativas en función de lo aprendido. Recuerda: aproximadamente el 80 % de las inversiones de capital riesgo tienen retornos negativos. Cada experimento debería tener una probabilidad razonable de éxito, pero, si está condenado al fracaso, mejor deja que fracase antes que después.

Como hemos establecido en capítulos anteriores, si estás en una organización pulpo habilitada por IA, tanto la inteligencia como la iniciativa estarán ampliamente distribuidas. No necesitas ser un directivo sénior para convertir la inteligencia en adaptación y resiliencia, e incluso para introducir pequeñas nuevas iniciativas.

Por supuesto, las organizaciones no funcionan solo con inteligencia. Allá donde colaboren los humanos, las emociones serán fundamentales. El siguiente capítulo se centra en ese elemento crítico.

Afførd democratiza los *insights* de clientes

Afførd solía avanzar al compás de ciclos de planificación anuales. Líneas de producto estables, grandes fábricas y una red de tiendas significaban que los cambios solo podían producirse de manera gradual.

En la era de la IA, los clientes esperan mucha más flexibilidad en lo que compran y en cómo lo hacen. Ya no existe el lujo de un cambio gradual. El ritmo de la innovación competitiva es continuo. Reconociéndolo, Afførd concentra un significativo gasto tecnológico en acercarse más a sus clientes para poder detectar rápidamente las señales de demanda. Su equipo de *marketing* utiliza herramientas de detección de tendencias para rastrear entre millones de interacciones con sus clientes; los agentes de IA mantienen conversaciones en profundidad con los clientes sobre características de productos. La tienda *online* de Afførd también recopila información de los clientes. El equipo de investigación de la empresa utiliza la IA para sintetizar presentaciones históricas en PowerPoint (que rara vez se usan hoy en día), informes desarrollados por IA y conjuntos de datos en tiempo real, y todo ello pasa a una plataforma, consultable y accesible para todos los empleados de Afførd, de conocimiento de clientes.

El mundo también se ha vuelto más inestable, una tendencia que comenzó mucho antes de que la IA irrumpiera como una ola gigante.

Afortunadamente, la empresa cuenta con un sólido sistema para ver lo próximo. Su capacidad de adaptación frente a una demanda cambiante y a la transformación de las cadenas de suministro se ha convertido en una ventaja competitiva central.

RESUMEN DEL CAPÍTULO

El ritmo del cambio se está acelerando. Para mantenerse a la vanguardia, las organizaciones deben desarrollar capacidades en dos áreas:

- ▶ Detectar el entorno externo.

- ▶ Mantener una comprensión profunda de las necesidades de los clientes.

La IA puede ayudar a tu organización a recopilar señales, tanto internas como externas, mapeándolas con más detalle que nunca. Las personas necesitan formación para utilizar bien estos *insights*. También se necesita un enfoque de innovación más centrado en el cliente. Combinando el poder analítico de la IA con los *insights* que surgen de la intimidad con el cliente y de la experimentación ágil, las organizaciones pueden seguir siendo resilientes y adaptables, incluso cuando el mar cambia bajo ellas.

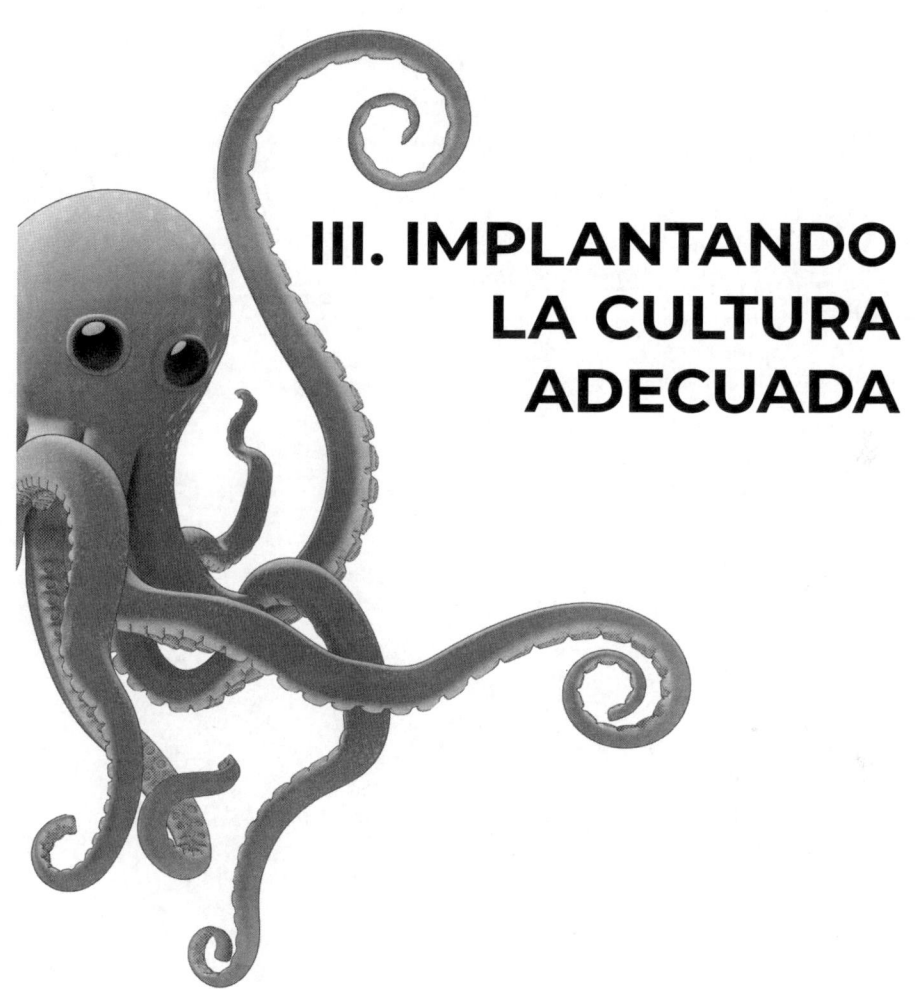

III. IMPLANTANDO LA CULTURA ADECUADA

CAPÍTULO 6

UN SER EMOCIONAL

Abraza la disrupción construyendo confianza

La succión de Atenea es suave, aunque insistente. Me atrae como un beso alienígena. Su cabeza, del tamaño de un melón, asoma a la superficie y su ojo izquierdo —los pulpos tienen un ojo dominante, igual que las personas tienen una mano dominante— gira en su órbita para encontrarse con el mío. Su pupila negra es un grueso guion en un globo nacarado. Su expresión me recuerda a la mirada en los ojos de las pinturas de dioses y diosas hindúes: serena, omnisciente, cargada de una sabiduría que se remonta a tiempos remotos. El de Atenea es un abrazo excepcionalmente íntimo. Está al mismo tiempo tocando y saboreando mi piel, y posiblemente el músculo, el hueso y la sangre que hay debajo. Aunque apenas acabamos de conocernos, Atenea ya me conoce de un modo en que ningún ser me había conocido antes.
SY MONTGOMERY. *The soul of an octopus*[44]

Por muy alienígena que nos pueda parecer su naturaleza, los pulpos tienen emociones. Tienen personalidades distintas y muestran comportamientos consistentes como el juego, la agresividad, la curiosidad y el afecto. Sus emociones parecen estar moldeadas por sus experiencias pasadas: por ejemplo, tienden a mostrar miedo cuando regresan a lugares donde fueron atacados.

La evidencia científica que respalda estas afirmaciones es bastante sólida.[45] Y al igual que ocurre con los humanos, las emociones parecen cumplir un propósito evolutivo para los pulpos. Son importantes para su supervivencia.

Dicho esto, los humanos podemos hacer algo que los pulpos no pueden. Trabajamos juntos, en parte a través de la implicación de emociones colectivas, para crear organizaciones que tienen objetivos a largo plazo. Ya se trate de empresas, política, academia, guerra, artes o religión, esas organizaciones son más grandes, más inteligentes, más fuertes y más capaces y poderosas que la suma de sus partes.

La capacidad de colaboración humana, que tan enormes ventajas genera, también conduce a dinámicas organizativas impulsadas por emociones y resistentes al cambio. John Kotter, de Harvard Business School, argumenta que el 70 % de los esfuerzos de transformación organizativa fracasan;[46] ocurre porque las organizaciones, al igual que las personas que trabajan en ellas, tienden a quedarse ancladas en sus formas de actuar. Que las organizaciones no resistan el cambio no se debe a que quienes las dirigen sean incompetentes en su trabajo, observó Clayton Christensen (profesor de HBS y mentor de Stephen), sino al contrario, a que tienden a ser muy buenos en lo que hacen y muchos sirvieron tan bien, y con tanto éxito, a sus mejores clientes que se olvidaron de todas las personas a las que no servían, abriendo así la puerta a la disrupción.[47] Pregunten a HP y a Psion.

Las transformaciones sobre las que escribieron Kotter y Christensen eran, a menudo, mucho menos importantes de lo que exige la IA. Además, la IA provoca emociones intensas de por sí. Muchos empleados la ven, comprensiblemente, de un modo muy parecido a como los tejedores ingleses del siglo XIX, conocidos como luditas, veían a los telares de vapor: una amenaza existencial a su medio de vida y, más aún, a su dignidad humana; al igual que los trabajadores franceses desplazados que lanzaban sus zapatos de madera o *sabots* dentro de los molinos para interrumpir la producción, los luditas también cometieron sabotajes. Para muchos de nosotros, el miedo a la inteligencia no humana es, aparentemente, tan instintivo como nuestro miedo a las serpientes, como ilustra un sinfín de narrativas arquetípicas que van de *Frankenstein* a *Terminator*. Pero, por desafiantes y emocionalmente duras que sean las transformaciones, ese 30 % que tienen éxito proporcionan lecciones importantes. Microsoft, por ejemplo, ha reconfigurado de arriba abajo tanto su enfoque de producto como toda su cultura. Gran parte del mérito corresponde a Satya Nadella: cuando se convirtió en su CEO en 2014, Nadella reconoció la necesidad de cambiar, asumió la responsabilidad de hacerlo y lo comunicó, incansable y persuasivamente, a empleados y *stakeholders*.

Las transformaciones profundas no pueden delegarse al área de RR. HH. ni trasladarse a los mandos intermedios porque, como escribió Kotter, los gerentes están formados e incentivados para «minimizar riesgos y mantener el sistema actual en funcionamiento», mientras que el cambio, «por definición, requiere crear un sistema nuevo».[48]

Las transformaciones corporativas pueden ser costosas y tardar tiempo en mostrar retornos positivos: hasta cinco o seis años en el caso de grandes empresas. Eso es más de lo que muchos CEO permanecen en el cargo. Y los líderes sénior no son más inmunes a las emociones que los luditas; han trabajado duro para llegar a lo más alto: ellos también pueden sentirse amenazados por la IA y por el paso a un modelo descentralizado. Pocos quieren ceder su autoridad a sus recién empoderados subordinados y, desde luego, para nada a las máquinas. Los líderes deben demostrar credibilidad, lo que significa reconocer que la IA dejará obsoletos a algunos empleados y funciones; deben proporcionar un generoso apoyo a los desplazados, no solo porque sea lo correcto, sino porque esos empleados seguirán desempeñando papeles importantes mientras la transición esté en marcha.

Tomemos el enfoque de IBM respecto a la reducción de personal tras un impulso de automatización en 2023. Ese año, IBM anunció que paraba la contratación para puestos de *back office*; estimó además que el 30 % de ciertos empleos (aproximadamente 7800 puestos) se verían afectados por la automatización.[49] La empresa ofreció servicios de transición profesional como elaboración de currículums, entrenamiento para entrevistas y búsqueda de empleo, además de indemnizaciones. Para los empleados que quisieran reorientarse hacia nuevos roles, IBM ofreció programas de formación en ciencia de datos, computación en la nube y ciberseguridad; competencias que ayudarían a la empresa a prestar servicios impulsados por IA. Ofrecer oportunidades de *upskilling* para nuevos roles de alta demanda es una poderosa manera de demostrar que la organización se toma en serio la retención de las competencias, la memoria institucional y la sabiduría de empleados con una larga trayectoria.

Aunque los esfuerzos de IBM fueron admirables, esperar que el personal contable, por ejemplo, se reconvirtiera en computación en la nube o programación podía haber parecido un puente demasiado lejano. Pero muchos empleados pueden transitar hacia roles adyacentes. Observa las competencias y la experiencia de las personas, más que las descripciones de su puesto. Dado que casi una cuarta parte del personal de alto rendimiento es pasada por alto en las evaluaciones de gestión tradicionales, seguro que hay talento disponible.[50]

Hasta ahora, ha resultado poco práctico entrevistar a todos y cada uno de los empleados afectados por competencias transferibles, pero la IA puede ayudar a identificar y estructurar las nuevas posibles oportunidades colaborando con ellos de forma rentable.

LAS REGLAS DE LA CULTURA

Las reglas escritas y no escritas que definen y rigen las culturas organizativas están impregnadas de emociones fuertes. Reconoce estas reglas y utilízalas para fomentar el cambio. Como primer paso, haz una lista de esas reglas: todas ellas tuvieron un propósito en su momento; muchas ya no lo tienen. Una vez que las hagas explícitas, las que no encajen quedarán en evidencia; después, considera: ¿qué nuevas reglas necesitarás para hacer realidad tu organización pulpo impregnada de IA? Pocas empresas tradicionales ofrecen modelos claros; en cambio, muchas de las *startups* de *blockchain* que funcionan como organizaciones autónomas descentralizadas (DAO) sí que lo hacen.

En una DAO, el control de arriba abajo se difumina. En su lugar, pequeñas «tribus» siguen reglas integradas en el *software* organizativo. El código sustituye a voluminosos acuerdos y establece las reglas para unirse, votar y repartir beneficios (que a menudo se distribuyen en criptomonedas). Los equipos se autogestionan. Algunas DAO tienen dificultades para escalar; muchas —como la mayoría de las *startups*— están condenadas al fracaso. Aun así, el modelo de tribu no es tan distinto del modo en que muchas firmas de consultoría y bufetes de abogados se han mantenido organizados con éxito durante décadas.[51]

Las organizaciones que dependen de la IA para sus operaciones también ofrecen modelos. Pensemos en las firmas de *high-frequency trading* (HFT): estas empresas dependen del análisis de datos y de la inteligencia de mercado para identificar oportunidades de arbitraje y capitalizar movimientos de precios a corto plazo. Los programas informáticos avanzados ejecutan miles de operaciones, a menudo en milisegundos o microsegundos. Las compañías de HFT invierten fuertemente en *data feeds* de alta velocidad y en infraestructura de red de baja latencia para garantizar que sus órdenes lleguen a los mercados a tiempo. La gestión del riesgo es crucial.

Los resultados se monitorizan continuamente, para poder ajustar los parámetros de riesgo según sea necesario y establecer límites a sus operaciones con vistas a prevenir pérdidas excesivas. Tienen reglas y los humanos desempeñan papeles muy esenciales, pero el sistema ha sido diseñado para un entorno *AI-first*.

CAMBIANDO LAS REGLAS

Para establecer tus propias reglas, averigua qué piensan y sienten tus empleados acerca de tu cultura actual y de su capacidad para adaptarse a los cambios propuestos. Encuéstalos. Pídeles que respondan a afirmaciones concretas como estas:

- ► «¿Tiene mi organización la flexibilidad para ajustarse rápidamente cuando los proyectos no salen según lo previsto?».

- ► «¿Nuestros líderes modelan los comportamientos y actitudes de innovación adecuados para que otros los sigan?».

- ► «¿Me preocupa que la IA limite mi influencia en el trabajo?».

- ► ¿«Confío en que la directiva adoptará la IA de formas que me beneficien?».

Comparte los resultados, respóndeles con honestidad y utiliza esos *insights* para construir tus argumentos para el cambio. Al hacerlo, enmarca siempre la transición como una oportunidad más que como una amenaza.

A continuación, selecciona grupos de directivos sénior, mandos intermedios y responsables de primera línea en contacto con el cliente y dales formación relacionada con los cambios que necesitas implantar, de modo que puedan evangelizar, servir de modelo y, a su vez, formar a otros. Estos campeones no deben provenir solo de IT, sino de todas aquellas funciones que utilizarán IA y cuyos empleos cambiarán a causa de ella. Asígnales una iniciativa piloto que llevar a cabo, preferiblemente una que pueda tener éxito y puedan celebrar; así se generará confianza; pero asegúrate de que esté bien dirigida y controlada, para que, si es inicialmente un fracaso, este pueda contenerse y transformarse en una experiencia de aprendizaje. Haz seguimiento de las emociones a todos tus *stakeholders* por igual —empleados, clientes y proveedores— y respóndeles adecuadamente.

Recuerda: el cambio cultural es como un muro de ladrillos. Los ladrillos son todas las cosas que los gerentes pueden medir y controlar mediante decisiones claras. La cultura es la argamasa menos tangible que mantiene unidos los ladrillos. Gobierna los innumerables comportamientos y procesos de pensamiento que alinean a las personas en torno a lo que debe hacerse a continuación.

Para cambiar tu cultura, no basta con hablar de construir un muro; de hecho, debes realmente cambiar la forma de trabajar: tanto los ladrillos como la argamasa son esenciales. Sin cambiar los factores más tangibles y visibles, los comportamientos y formas de pensar más *soft* no se transformarán. La cultura existe por una razón, así que necesitas cambiar las razones por las que la cultura es como es. El mortero sin ladrillos crea un montón, no un muro.

Ingredientes del cambio cultural

PALANCAS DURAS (LADRILLOS)	PALANCAS BLANDAS (ARGAMASA)
1. Forma a los directivos de primera línea, mandos intermedios y alta dirección. 2. Implanta proyectos piloto y haz roles de modelos. 3. Recompensa la experimentación inteligente y mide los aprendizajes logrados. 4. Promociona a los intraemprendedores. 5. Proporciona recursos para iniciativas emprendedoras.	1. Trata los inevitables contratiempos como experiencias de aprendizaje que han de ser asumidas, sin buscar culpables. 2. Enmarca la transición como una oportunidad, no como una amenaza (probablemente, habrá más creación de riqueza en la era de la IA que en cualquier otro momento de la historia humana). 3. Modela los comportamientos que deseas ver, incluido el uso de la tecnología. 4. Crea una comunidad de innovadores afines.

ESTUDIO DE CASO: Cruceros Princess afronta el cambio cultural de la tecnología

Mucho antes de que la IA se generalizara, Cruceros Princess utilizó la tecnología para eliminar uno de los mayores inconvenientes que sufrían sus clientes: las colas. Al hacerlo, modelaron un enfoque para desarrollar, desplegar y escalar el cambio.

Los cruceros tienen mucho en común con las organizaciones consolidadas de gran tamaño. Son grandes, complicados y notoriamente poco ágiles: cuando navegan a toda máquina, se necesitan cinco millas para detenerlos por completo y diez millas para darles la vuelta; para gestionar la complejidad de sus operaciones, cada uno de sus cientos de tripulantes y proveedores de servicios debe seguir protocolos estrictos.

Desarrollar la solución tecnológica para las excesivas esperas fue relativamente sencillo, usando una tecnología simple comparada con la IA. Si cada pasajero llevara un pequeño dispositivo electrónico que pudiera ser identificado y rastreado por la tripulación, se los podría contar automáticamente a medida que se desplazaban por el barco: los camareros podrían saludarles por su nombre; los encargados de limpieza sabrían cuándo sus camarotes estaban desocupados, para poder limpiar. Los pasajeros podrían usar los dispositivos en lugar de llaves, para abrir las puertas de sus camarotes, y en lugar de efectivo o tarjetas de crédito, para pagar bebidas y *souvenirs*.

Fue una innovación transformadora, pero costosa y complicada. Desplegarla en un barco llevó cuatro años, 75 millas de cableado, 7000 sensores y un sinfín de sesiones de formación. Entonces, ¿cómo desarrolló e implementó Cruceros Princess esta revolucionaria idea en sus dieciocho barcos y 30 000 empleados? Lo logró centrándose simultáneamente en dos tareas: perfeccionar y desplegar la tecnología, y transformar su cultura interna para que los empleados se sintieran cómodos con esta nueva forma de hacer las cosas.

El equipo de innovación encargado de diseñar e implementar la iniciativa (cuyo líder reportaba directamente al Comité de Dirección de Cruceros Princess) comenzó construyendo un barco simulado en una instalación militar reconvertida de Florida. Luego, reclutaron diseñadores y programadores para desarrollar los dispositivos y apartaron a algunos de los empleados de primera línea con más talento —capitanes, directores de entretenimiento, gerentes de restaurantes— de sus barcos para que trabajaran junto con ellos. Un director de hotel describió así la experiencia:

> En los barcos sabemos qué va a ocurrir, en qué fecha y en qué momento. Todo funciona como un reloj. Se puede consultar cada norma y cada reglamento para saber qué esperar. [Aquí] no había regulaciones. Era un entorno ágil en el que se trataba de fallar rápido y seguir adelante. Si algunos días teníamos fracasos, al día siguiente teníamos un avance... Los huéspedes no tienen idea de la sangre, el sudor y las lágrimas que requirió.[52]

Cuando llegó el momento de implementar esa tecnología en toda la flota, quienes habían participado en el proceso de desarrollo se convirtieron en embajadores y formadores. Los empleados estaban mucho más abiertos a aprender de sus compañeros que de desconocidos. «A los humanos no nos gustan los cambios», comentó uno de los capitanes que participaron en el proceso.

> Pero, una vez que la gente ve que el sistema funciona correctamente y que genera beneficios, entonces lo apoyan. No lo activamos de la noche a la mañana, sino que lo implementamos muy lentamente: primero instalamos los sensores que abrían las puertas de los huéspedes y los instalamos solo en una sección de un puente de un barco; lo probamos, lo testamos, lo mejoramos. Solo entonces lo ampliamos a otras secciones y, luego, a otros puentes. Después avanzamos. Pero la llegada de la siguiente aplicación fue mucho más rápida, porque todos entendían lo que venía.[53]

Cablear un crucero para leer los dispositivos de los pasajeros es un desafío mucho más sencillo que reorganizar la gobernanza, los métodos de trabajo y la cultura de toda una empresa. Y dado que los despidos bien podrían ser parte de la transición hacia la IA, será mucho más difícil de vender.

Pero la IA traerá un beneficio inesperado. Las organizaciones pulpo prosperan gracias a una cultura de lo que llamamos «serendipia estratégica»: una forma de pensar y operar que reduce el riesgo y mejora las probabilidades de éxito. Si tener más, mayores y mejores éxitos no es una manera positiva de enmarcar la necesidad de adoptar la IA, entonces no sabemos cuál lo es.

La serendipia estratégica trae consigo otro beneficio aún más sorprendente, del que aprenderemos más en el próximo capítulo.

El proceso de transformación de Afførd

El proceso de cambio no ha sido fácil para Afførd, pero fue mucho más duro para muchos de sus competidores.

El factor diferenciador de Afførd fue el trabajo temprano que realizó en la transformación cultural. Su equipo directivo reconoció que no se puede arrancar y reemplazar una cultura; se tomó el tiempo de reflexionar en profundidad sobre sus reglas y normas implícitas, así como sobre las explícitas, y estudió otras organizaciones históricas que habían superado cambios igualmente gigantescos sin desintegrarse.

Fueron cuidadosos a la hora de elegir qué aspectos de la transformación priorizar y en cuáles tenían claro que podían permitirse cierta demora. Luego, comenzando por su función de IT, avanzaron de forma deliberada, generando impulso mientras se mantenía su sentido de destino y propósito.

Antes de insistir en cambios de comportamiento y mentalidad más sutiles, se centraron en los aspectos duros:

- ► Roles.
- ► Relaciones jerárquicas o de reporte.
- ► Capacidades.
- ► Incentivos.

El cambio no deja de acelerarse. Los líderes empresariales saben que esa transformación constante genera estrés e incertidumbre en los empleados. Escuchan esas inquietudes y modelan los nuevos hábitos que la situación exige. A medida que el *software* asume más tareas rutinarias, las fortalezas humanas de sus líderes —la empatía, el juicio y la comunicación clara— son lo que realmente los distingue. Afførd demuestra que el cambio es difícil pero posible cuando existe el liderazgo adecuado.

RESUMEN DEL CAPÍTULO

Adoptar la IA exige que los líderes reconozcan la resistencia emocional, comuniquen con transparencia y aborden las normas culturales que dan forma a la organización, no solo sus sistemas operativos.

Las transformaciones con éxito —como muestran los casos de Microsoft y Cruceros Princess— dependen de un liderazgo creíble, de la implicación desde la base y de logros visibles y reiterados. Los cambios culturales deben presentarse como una oportunidad, no como una amenaza.

Las transformaciones en la estructura, los roles y los incentivos son indispensables para lograr un cambio cultural. Construir un muro sólido requiere tanto de «ladrillos» como de «argamasa».

CAPÍTULO 7

SERENDIPIA ESTRATÉGICA

Aumentar el éxito apoyándose en la incertidumbre

El mayor peligro en tiempos de turbulencia no es la turbulencia, es actuar con la lógica de ayer.
PETER DRUCKER

Ya sea reescribiendo en tiempo real su ARN o cambiando sus formas y colores, los pulpos están optimizados para la resiliencia y la adaptabilidad. Pero los pulpos deben su existencia a un improbable golpe de suerte. Aunque algunas de sus especies, las más grandes, solo producen decenas de huevos, la mayoría produce cientos de miles. Muchos de esos huevos nunca eclosionan y solo el 1 % de las crías sobrevive hasta la edad adulta.

Los humanos, afortunadamente, nos enfrentamos a mejores probabilidades. Una de las razones por las que prosperamos, como hemos visto, es que cooperamos, combinando y multiplicando nuestros esfuerzos individuales a lo largo del espacio y el tiempo. Nuestra especie comenzó colaborando en pequeños equipos; luego, nos organizamos combinando esos equipos. Solos, construimos castillos de arena; juntos, construimos catedrales. Una segunda razón es nuestra capacidad de potenciar e incluso incrementar la suerte que tengamos, pero ¿cómo es eso posible?

El diccionario *Webster's* define la suerte como un producto del azar y el azar como «algo que ocurre de manera impredecible, sin una intención humana discernible ni una causa observable». Nuestra respuesta es que la suerte no es del todo azar ni tampoco exactamente magia y, obviamente, no es un producto del favor celestial.

La suerte es probabilística —muy parecida a los modelos transformadores, la tecnología sobre la que se asienta la IA generativa—. Nada está nunca asegurado. Un resultado posibilita otro conjunto de posibilidades y estas se apilan a su vez sobre otros, y así *ad infinitum*. Del mismo modo que los transformadores pueden mejorar ponderando la probabilidad de resultados críticos, también puede mejorarse la suerte. En un casino, a manipular la suerte contando cartas o cargando los dados lo llamamos hacer trampas; en los negocios, el juego consiste en cambiar las reglas: a eso lo llamamos innovación. En tecnología, casinos o negocios, las matemáticas son las mismas: haces pequeños cambios en los lugares adecuados y en el momento justo. Esos cambios, juntos, cambian radicalmente la dinámica de la red.

Inspirándose en un cuento popular persa publicado en 1557 por Michele Tramezzino, *Los tres príncipes de Serendip*, Horace Walpole acuñó la palabra *serendipia* en el siglo XVIII para referirse al descubrimiento «por accidente y sagacidad» de algo que alguien «no estaba buscando». *Serendip* es el antiguo nombre árabe del país que hoy se llama Sri Lanka. En la historia, sus tres príncipes viajan desde allí a Persia, donde oyen hablar de un camello perdido; cuando encuentran su rastro, deducen a partir de una variedad de pistas físicas que el camello era cojo, ciego de un ojo, que iba cargado con miel a un lado y mantequilla al otro y que, además, llevaba a una mujer embarazada como jinete. Cuando los príncipes comparten esos conocimientos con su dueño, este los acusa de haberlo robado, los lleva ante el emperador y exige que sean ejecutados. Conforme los príncipes explican cómo obtuvieron esa información, entra un viajero y anuncia que acaba de encontrar al animal perdido. El emperador no solo perdona a los príncipes, sino que los recompensa con cargos de consejeros en su corte. La entrada del viajero y la generosidad del emperador fueron meras cuestiones de azar, pero los príncipes habían sentado las bases de ambas con su aparente clarividencia. Como dijo Louis Pasteur, «la suerte favorece solo a las mentes preparadas».

Entonces, ¿cómo se pueden cambiar tus probabilidades?

En un casino, las probabilidades se acumulan a favor de la casa, pero, en algunos juegos como el *blackjack*, la ventaja es relativamente modesta. Y se reduce aún más cuando el jugador es experto. Si un jugador hábil cuenta cartas, las probabilidades se invierten: la ventaja que los contadores de cartas tienen sobre la casa es pequeña (alrededor del 1 %), pero puede acumularse a lo largo de muchas manos bien jugadas.

La IA te permite contar tus cartas a una escala casi ilimitada, rastreando tendencias y ponderando y volviendo a ponderar probabilidades constantemente. Podríamos decir: «Eso no es suerte, es ciencia»; y a eso es exactamente a lo que nos referimos. Si inclinas las probabilidades en la dirección adecuada y lo haces de manera consistente, puedes cambiar tus resultados. La serendipia estratégica trae consigo otro beneficio añadido que resulta ser aún más sorprendente: aunque de lo que se trata es de ganar, esta no ha de ser inherentemente cínica ni de suma cero; y, de hecho, resulta ser un motor de altruismo, dado que depende de la colaboración y de la creación de comunidad. La construcción de redes eficaces crea más y mejores posibilidades para todos.

En nuestro análisis de 2,7 millones de encuestas de liderazgo, realizadas con Harrison Assessment, descubrimos un llamativo patrón: solo uno de cada siete directivos superaba sistemáticamente, en tiempos de cambio disruptivo, a sus pares. La diferencia no era su coeficiente intelectual o su antigüedad: era un conjunto concreto de comportamientos repetibles que les ayudaban a abrirse camino en la ambigüedad, capitalizar el impulso y guiar a su gente hacia adelante. Esos comportamientos son el foco de este capítulo. Los directivos que tuvieron un éxito desproporcionado aprovecharon la ayuda, usaron sus conexiones, controlaron el caos y supieron detectar lo que faltaba: cuatro hábitos y herramientas que les ayudaron a gestionar la complejidad, aportar claridad en medio de la confusión y fabricar sus propios golpes de suerte. De forma conveniente, estos comportamientos forman la palabra LUCK («SUERTE»).

	COMPORTAMIENTO CLAVE	MENSAJE PRINCIPAL
Aprovecha la ayuda (*Leverage help*)	Pide ayuda a tus compañeros.	Los equipos descentralizados y psicológicamente seguros se adaptan más rápido durante las crisis porque generan más opciones.
Usa tus conexiones (*Use your connections*)	Construye relaciones diversas que abarquen distintos sectores e incluso estratos socioeconómicos.	Las arquitecturas de red adecuadas aceleran la innovación y la recuperación tras las disrupciones.
Controla el caos (*Control chaos*)	Básate en una aproximación de primeros principios para gestionar el riesgo.	Los procedimientos operativos estándar pueden resultar inútiles en una situación cambiada.
Sabe qué falta (*Know what's missing*)	Formula preguntas contrafactuales antes de actuar.	La identificación sistemática de carencias reduce el riesgo y revela oportunidades de espacios en blanco o desaprovechadas.

LOS SABORES DE LA SERENDIPIA

La suerte aparece con tres sabores: la suerte que recibimos, la suerte que creamos y la suerte que damos. Con la primera, nada podemos hacer al respecto salvo asegurarnos de aprovecharla plenamente, sea cual sea la que nos llegue. Pero hay un tesoro de tácticas utilizables para construir tu propia suerte e incluso, lo que es más importante, para señalarte qué riesgos más beneficiosos debes asumir.

Un motor aún más relevante de la suerte es lo que nos damos unos a otros. Eso se debe a que la abundancia no proviene de tomar, sino de compartir. Hay una amplia base de evidencias que indican que los humanos estamos tan predispuestos al altruismo como a competir.[54] Sin embargo, muchos de nosotros ni siquiera aprovechamos la décima parte de la generosidad que nuestra familia, nuestros amigos, nuestros colegas e incluso desconocidos están dispuestos a darnos; seguimos centrados en el concepto de escasez.

La suerte no es un recurso finito. La generamos y luego la ampliamos compartiéndola entre nosotros. Lo hacemos a través de los siguientes comportamientos LUCK.

Aprovecha la ayuda

Las personas que tienen éxito de manera repetida son conscientes de los límites de sus conocimientos y habilidades. Cubren esas lagunas eligiendo a los mentores, colaboradores y asesores adecuados, ya sean humanos o máquinas.

Aunque los asuntos de propiedad no pueden discutirse con los competidores, los líderes de las organizaciones pulpo animan a todos sus empleados a que salgan de sus silos funcionales y aprendan unos de otros. Luego, los líderes, siguiendo sus propios consejos, salen de sus comités de dirección para aprender de sus responsables de división o región, de expertos en otras áreas distintas e incluso de sus pares en otras industrias. También buscan *mentoring* inverso con jóvenes nativos digitales.

Stephen trabajó una vez con el responsable de un gran emisor de tarjetas de crédito. Este directivo examinó ingentes pruebas que señalaban que su empresa incrementaría mucho su volumen de transacciones si reducía las comisiones a las tiendas, pero, como persona prudente, temía que, recortándolas, cometiese un error irreversible, así que salió de su oficina en busca de ayuda. Fue a un suburbio acomodado de Chicago y pidió consejo a veinte propietarios de tiendas. No solo se quejaron de las comisiones, sino que ofrecieron aportaciones reales, de igual a igual.

Con la confianza reforzada, el directivo tomó la difícil decisión de reducir las comisiones y, como resultado, generaron miles de millones de dólares en nuevos ingresos.

¿Cómo puedes dar a tu gente la libertad de pedir ayuda? Según la sexta edición de *The handbook of social psychology*:

▶ La seguridad psicológica predice el aprendizaje en equipo y la notificación de errores.

▶ A las personas que piden consejo sobre temas difíciles se las juzga como más competentes, no menos.

Amy Edmondson, de Harvard Business School, afirma que el primer paso que pueden dar los líderes para convencer a su gente de que colaboren es el de «llamar la atención sobre la naturaleza del trabajo», subrayando que callar resulta más arriesgado que hablar:

> [Debes preparar] el escenario para recordar a la gente que ya no estamos en la era industrial, donde el trabajo consistía en agachar la cabeza y hacer las cosas exactamente como se te especificaba. Ahora estamos en la era del conocimiento, la era digital, donde tu trabajo consiste en colaborar con otras personas, navegando constantemente en la incertidumbre. Es sencillamente imposible hacer bien ese trabajo sin bajar la guardia y hablar.[55]

Amy insta a los líderes a modelar ese comportamiento preguntando «¿qué preocupaciones tienes?», pregunta que presupone que todos en el equipo tienen algo que aportar. Haciendo incómodo el silencio se fomentan respuestas meditadas.

Prácticas para aprovechar la ayuda

1. **El «pedir» como ritual público.** Abrir las reuniones con preguntas como «¿qué me falta?» y «¿quién puede ayudar?».

2. **Mentoría inversa (*reverse mentoring*).** Animar a los jóvenes nativos digitales a compartir sus conocimientos con los directivos más sénior. Intercambiar fluidez en IA por sabiduría contextual es una propuesta mutuamente beneficiosa.

3. **Confiar en tu asesor de IA, pero no dejar de verificar.** Asegúrate de interpelar a tu agente de IA con peticiones como «enumera los escollos que los expertos pasan por alto», para luego comparar sus respuestas con las que se dan en reuniones de equipo.

Usa tus conexiones

Cuando tu objetivo es innovar o resolver ambigüedades, la mejor respuesta rara vez es la más obvia. Así que haz mejores preguntas a más personas. Si no sabes a quién acudir, pregunta a tu asistente de IA; o mira en tu organigrama y en tu red, pero de forma más amplia. Al mirar, el tamaño importa menos que la diversidad. Un conjunto pequeño, pero bien seleccionado, de conexiones que abarquen industrias, funciones y orígenes diversos incrementa radicalmente tus probabilidades de captar una señal que otros pasan por alto. Formula cuidadosamente tus preguntas: te llevarán a lugares más interesantes de los que puedas imaginar en solitario.

Consideremos al ingeniero suizo George de Mestral. Un día de 1948 volvió de un paseo por el bosque con las perneras llenas de abrojos; la mayoría, simplemente, los habríamos arrancado: De Mestral los examinó al microscopio y vio que tenían un patrón de ganchos y bucles para adherirse. Aunque le llevó una década y la ayuda de un tejedor profesional, transformó esa observación en lo que hoy conocemos como «velcro».

En entornos complejos, la suerte favorece a los curiosos —especialmente si cuentan con una buena red de contactos—. No es necesario estar cerca de alguien para beneficiarse de tu relación con esa persona. La investigación clásica de Mark Granovetter sobre «la fuerza de los lazos débiles» muestra que las noticias sobre oportunidades laborales viajan con mayor probabilidad a través de conocidos y no de mejores amigos.[56] Los estudios sobre lazos latentes inciden en ello: reactivar antiguos contactos genera consejos más útiles que preguntar a colegas actuales.

Cuando hagas *networking*, habla menos y escucha más. Como advierte Santiago Íñiguez, de IE University: «Si eres un líder muy carismático, puedes dominar la conversación… Haz que los introvertidos den un paso adelante, porque tienen algunas de las mejores ideas». La formulación de preguntas inclusivas saca a la luz *insights* que, de otro modo, podrían permanecer enterrados.

Herramientas para practicar el uso de las conexiones

▶ ***Pings* de lazos latentes cada treinta días.** Contacta con al menos un vínculo inactivo cada mes.

▶ **Auditoría del mapa de tus contactos.** Pide a tu asistente de IA que codifique a tus contactos por colores según sus funciones e industrias. Pídele que identifique conexiones de primer orden en LinkedIn que tengan amigos en áreas donde eres débil y concierta cafés con ellos.

▶ **Intermediación de conexiones.** Márcate un KPI: organiza cada mes una presentación entre dos colegas no conectados.

▶ **Ruleta de LinkedIn.** Concierta cada semana una conversación de veinte minutos con una persona interesante a la que no conozcas.

Controla el caos

El registro fósil está lleno de ejemplos de catástrofes que hicieron desaparecer especies como el amonites; los anales de los negocios, también. La disrupción trata esencialmente de la capacidad de gestionar el cambio.

Gran parte de la suerte estratégica es detectar cuándo necesitas cambiarte a ti mismo; cambiar tu entorno, tus redes o tus planes para aprovechar lo positivo y gestionar lo negativo de aquello que pueda ocurrir.

Busca siempre oportunidades ocultas en las crisis. El profesor de Harvard Business School Clark Gilbert investigó en profundidad por qué ciertos periódicos prosperaron con Internet mientras que la mayoría tuvo dificultades o cerró.[57] Descubrió que el factor decisivo no eran sus balances, sino su mentalidad: los periódicos cuyos líderes veían lo digital como una amenaza defendieron sus negocios tradicionales y se quedaron atrás; quienes lo vieron como una oportunidad de expansión, rápidamente, se reestructuraron y captaron nuevos mercados. La misma lógica se aplica a tu equipo y a ti. Si a cada sorpresa la tratas como una amenaza, te paralizas; si la tratas como un posible punto de apoyo para el cambio, probablemente captures oportunidades.

Roger Martin, exdecano de la Rotman School of Business de la Universidad de Toronto, trabajó una vez con una empresa minera. Sus líderes estaban atascados en un acalorado debate:[58] si un grupo quería cerrar una mina, el otro quería ampliarla. Martin replanteó la discusión. En lugar de discutir sobre quién tenía razón, preguntó: «¿Qué tendría que ser cierto para que cada opción tuviera sentido?». Ese simple cambio transformó una lucha binaria en una investigación compartida. Lo que descubrieron rompió el punto muerto.

Herramientas para practicar el control del caos

► **Brújula del caos.** ¿Cómo navegar en un mundo volátil, incierto, complejo y ambiguo (VUCA)? Contrarrestando la volatilidad con visión, la incertidumbre con comprensión, la complejidad con claridad y la ambigüedad con agilidad.

► **Ejercicios de equipo rojo (*red team drills*).** Haz pruebas de estrés a tu plan, asignando a un grupo pequeño para que lo modele y vea qué fallaría antes de que la realidad haga lo mismo.

► **Pulso diario.** Dedica, con tu equipo, quince minutos diarios a compartir nuevos datos o diferentes perspectivas, ajustando tus microprioridades y ampliando tu pensamiento.

Descubre qué falta

Quizá la parte más importante de la suerte sea saber reconocer y aprovechar las oportunidades que otros pasan por alto. Para ello, debes identificar los vacíos que necesitan ser llenados, que es donde se encuentran las oportunidades sin competencia. Hacer esto requiere mirar más allá de los datos (que tratan esencialmente del mundo tal cual existe hoy) y encontrar los espacios en blanco.

Stephen recuerda un error, a principios de su carrera como consultor, cuando investigó el mercado de televisores de pantalla plana a mediados de la década de 1990. Las ventas de la industria eran minúsculas. Cuando se encuestaba a los consumidores, expresaban cero interés en comprar un producto poco fiable que costaba 5000 dólares y que, extrañamente, se colgaba de una pared como si fuese un cuadro. En lugar de observar el mercado de televisores de pantalla plana en esa etapa incipiente —cuando eran caros y ofrecían un rendimiento mediocre—, debería haber mirado hacia adelante, viendo lo que podrían llegar a ser y cómo podrían satisfacer los *jobs to be done* no reconocidos por los consumidores, como el impresionar a los vecinos.

Jonathan ha descubierto que dos preguntas les ayudan de forma consistente a él y a sus clientes a pensar de manera diferente:

► ¿Cómo cambiaría mi opinión si resultara que algunos de mis datos no fueran ciertos?

► ¿Cómo cambiarían mis acciones si apareciese algo nuevo?

En una entrevista, Ward Cunningham, quien inventó la Wiki, sugirió una tercera pregunta:

- ¿Qué ocurriría si empezara por el final o por el medio en lugar de por el principio?

Cambiar el punto de partida, al reflexionar sobre un desafío, suele llevarnos a perspectivas diferentes.

Es importante vigilar la existencia de sesgos, porque las investigaciones más recientes en psicología organizativa nos dicen que los líderes tienden hacia falsos negativos respecto de ideas novedosas, descartando como imposibles muchas innovaciones que en realidad sí que podrían tener éxito. Para los humanos resulta casi imposible, sin aportaciones externas, eliminar nuestros propios sesgos. Históricamente, la protección más fiable frente a los sesgos es que los pares revisen; eso sigue funcionando, pero, con la IA, puedes lograr hacer lo mismo más rápidamente (si se lo pides).

Herramientas de práctica para saber qué falta

- **Hoja de trabajo *prae mortem*.** Imagina cómo sería un fracaso. Intenta identificar tres factores pasados por alto y abórdalos.

- **Lienzo de primeros principios.** Divide tu problema en sus componentes básicos y busca oportunidades para resolver cada uno de ellos individualmente.

- **Preguntas abductivas a dúo.** El razonamiento abductivo consiste en intentar derivar una conclusión probable a partir de algo que se observa. Pregúntate a ti y pregunta a tu equipo: «Si nuestra suposición central es falsa, ¿qué cambia? ¿Qué nueva señal nos obligaría a pivotar?».

PONIENDO «LUCK» EN PRÁCTICA

Los análisis impulsados por IA pueden revelar puntos ciegos, pero es la cultura la que determina si hacemos algo al respecto. Las culturas que recompensan la curiosidad (en lugar de solo la ejecución) y que se preguntan qué podría haberse pasado por alto son las más preparadas para evolucionar y crecer. Desarrollar las cuatro palancas de LUCK e integrarlas con la inteligencia emocional, la confianza y los *insights* habilitados por IA permitirá que tu organización actúe menos al estilo de la definición de locura de Einstein —haciendo lo mismo una y otra vez esperando resultados diferentes— y más como un pulpo: una criatura viva y sensible que se adapta continuamente.

Todo esto tiene gran importancia, porque nuestra civilización necesita más suerte —*luck*— al igual que necesita a la IA. Durante el último siglo, gran parte del mundo ha disfrutado de unas mejoras en longevidad, salud e ingresos; mejoras que nuestros bisabuelos no habrían podido ni imaginar. Pero estas han tenido un elevado coste para el planeta, que no solo se enfrenta a un ajuste de cuentas ambiental, sino también a desafíos económicos y políticos. Con mil millones más de personas a punto de unirse a la clase media, el aumento en el uso de recursos extractivos podría ser catastrófico. El Gobierno de EE. UU. prevé que el país necesitará triplicar su capacidad de energía nuclear en 2050 para respaldar el crecimiento de la IA y de los centros de datos utilizando menos recursos.[59]

El camino que seguir no nos lo indicará un genio solitario, ni una burocracia basada en procesos; vendrá de redes de personas que comparten percepciones y colaboran con sistemas de IA. Construir redes más densas de ideas y talento, y unirlas con IA hace que la serendipia sea tanto más probable como más útil.

Ese es ahora el trabajo: diseñar organizaciones —y sociedades— que se vuelvan más *suertudas* a propósito. Porque la suerte no es una tirada de dados. Es una disciplina y una elección, y las apuestas nunca han sido tan altas.

RESUMEN DEL CAPÍTULO

Aunque la suerte pueda parecer aleatoria, las organizaciones pueden activamente mejorar su suerte mediante comportamientos intencionados: lo que llamamos *serendipia estratégica*. La inteligencia artificial ayuda a inclinar aún más las probabilidades a nuestro favor, al revelar patrones, poner a prueba suposiciones y descubrir espacios en blanco. Pero el éxito también depende de los hábitos humanos: aprovechar la ayuda, utilizar las conexiones para construir redes diversas, controlar el caos encontrando las oportunidades ocultas en las disrupciones y saber qué nos falta: el marco LUCK.

La forma más impactante de suerte en el ámbito organizacional es la abundancia compartida, la idea de que aumentamos nuestras probabilidades de éxito mediante la colaboración y el compartir. Al integrar LUCK en tus procesos, tu organización puede convertir la imprevisibilidad en una ventaja competitiva. No solo sobrevivirá a las disrupciones, sino que prosperará gracias a ellas.

IV. COMIENZA TU VIAJE

CAPÍTULO 7

TU PLAN DE TRANSFORMACIÓN

Lidera tu transformación de IA con una hoja de ruta paso a paso

Aunque el 80 por ciento de las empresas considera la IA como una tecnología «fundamental»,[60] solo el 15 por ciento de los empleados cree que sus líderes tienen una estrategia clara para su adopción.[61]

La IA es probablemente la cosa más importante en la que la humanidad haya trabajado jamás —dice Sundar Pichai, CEO de Google—. La considero más profunda que la electricidad o el fuego».[62]

Coincidimos, con una salvedad. Las empresas que esperen que la IA por sí sola impulse la transformación se sentirán profundamente decepcionadas. Añadir IA a sistemas antiguos puede elevar la eficiencia, pero eso solo desbloquea una fracción del poder de la tecnología. Aprovechar al máximo toda tecnología nueva exige cambios holísticos y sistémicos en cómo se utiliza esa tecnología. Pensemos en la electricidad. Hace siglo y medio no se podía simplemente «enchufar» luces eléctricas: primero, un innovador con recursos como Thomas Edison tenía que levantar una central eléctrica y tender cables por tu calle; después, tu casa necesitaba cableado, disyuntores, interruptores, enchufes y portalámparas; por último, tu familia tenía que dejar de usar velas y lámparas de aceite de ballena y aprender a no tocar cables pelados ni derramar agua sobre ellos.

Los dueños de las fábricas desmantelaron las máquinas de vapor y las sustituyeron por motores eléctricos. Dieron nueva formación a los trabajadores para manejar los nuevos equipos y, como las nuevas máquinas podían hacer mucho más, reinventaron muchos otros procesos. Algunos empleos desaparecieron y surgieron nuevos roles. A medida que se extendía la electricidad, los clientes demandaban más productos y servicios eléctricos. El panorama competitivo no solo se aceleró, sino que se reinventó por completo. Muchas empresas se volvieron irreconocibles respecto a lo que habían sido.

La IA (y cada avance que la siga) exige el mismo cambio a gran escala, pero en años en lugar de en décadas. Volvamos a pensar en el amonites con concha y en el flexible pulpo. Los amonites se aferraron a su dura armadura, mientras los pulpos se deshicieron de sus conchas y cablearon la inteligencia a través de sus ocho brazos y, sesenta y seis millones de años después, siguen en plena forma.

Las empresas preparadas para la IA son un reflejo del diseño del pulpo. Los pioneros pueden parecer extraños, incluso alienígenas, pero demuestran su valía. Nativos digitales como Google, Meta y Amazon nacieron en medio de una explosión evolutiva de ese tipo; ninguno ha completado la transformación, pero señalan el camino. Las empresas veteranas aún conservan hábitos de amonites. Las especies que sigan deberán quebrar la concha, hacer crecer brazos ágiles y cablear inteligencia compartida; entonces, nos mostrarán lo que las redes de IA con humanos pueden conseguir.

La historia también puede servirnos de guía. Existe un dicho: las empresas deberían evitar convertirse en el proverbial «fabricante de látigos para carruajes» en un mundo de automóviles.[63] De hecho, la mayoría de los fabricantes de látigos quebraron cuando los coches reemplazaron a los caballos, pero hubo uno, en Francia, que surfeó la ola del cambio con éxito. Émile-Maurice, al frente de la empresa familiar, declaró a su equipo: «No somos un museo»; salió de su despacho y aprovechó ayuda externa, y llegó incluso a viajar a Detroit para reunirse con Henry Ford. Luego, invirtió en nuevos negocios, como utilizar las sofisticadas capacidades de la empresa en el trabajo del cuero para fabricar bolsos grandes que la gente pudiera llevar en esos coches nuevos que estaban comprando. Conocía muy bien los gustos de sus clientes y encontró formas de utilizar las habilidades que su plantilla había cultivado durante décadas para atender nuevas necesidades. También buscó nuevas capacidades que pensó que los clientes valorarían: por ejemplo, contrató a tejedores de seda que diseñaron pañuelos para los conductores de coches descapotables; inventó el cortaviento y transformó tanto la fabricación de equipaje como la de ropa, mediante inversiones en tecnologías nuevas como la cremallera. Puede que no conocieras su historia, pero sí que conoces su empresa: sigue bajo control familiar y hoy vale más de 200 000 millones de dólares. El apellido de Émile-Maurice era Hermès. Como Émile-Maurice, tú también tendrás que ejecutar tu transformación por etapas.

¿Dónde debería comenzar tu viaje de transformación? Aunque el camino hacia una organización pulpo tendrá un aspecto distinto para cada empresa, recomendamos cinco fases básicas. Esas fases son en gran medida secuenciales, aunque puede haber cierto solapamiento entre ellas, especialmente si distintas partes del negocio ya han dado algunos pasos hacia adelante.

FASE UNO: DEFINE LA VISIÓN

El proceso comienza con una mirada lúcida a las formas en que la IA alterará tu estrategia de crecimiento. Esta primera fase incluye los pasos siguientes.

1. Comprende tu estrategia en el contexto de la IA

Como equipo directivo, plantea desde el principio las preguntas difíciles. Este es el momento de evaluar todo el panorama.

- ¿Cómo transformará la IA las necesidades de tus clientes y la dinámica competitiva del mercado?
- ¿Dónde puede la IA potenciar tu ventaja actual? ¿Cómo podría corregir puntos débiles del pasado?
- A medida que ganes agilidad, ¿qué nuevos vectores de rendimiento deberías perseguir?
- ¿Deberían cambiar tus clientes más importantes o tus capacidades claves?
- ¿En qué mercados adyacentes deberías entrar?

Valora cada pregunta respecto de tu entorno competitivo en cinco años y, a continuación, para el año próximo.

Se trata de si estas preguntas se parecen a las que quizá ya te planteaste al construir tu estrategia. Un enfoque de IA que quede fuera de tu estrategia central no será lo óptimo. Enmarca estas preguntas en torno a la tecnología, pero no te crees límites; como hemos subrayado a lo largo de este libro, debe integrarse dentro del contexto más amplio de tu organización.

2. Define y sopesa tus opciones

Dado que la estrategia trata en esencia de elegir, desarrolla el nuevo panorama estratégico como un conjunto de alternativas claras. El momento de evaluar tus opciones sobre posibles nuevos modelos de negocio es hoy, porque las grandes apuestas relacionadas con el crecimiento y la resiliencia tardan en madurar y dar frutos. Tus planes de adopción de IA no tienen por qué implicar una reconfiguración completa de tu estrategia de crecimiento desde el primer día. Pero, como descubrieron nuestros amigos de Afførd en el capítulo 1, sí que necesitas saber hacia dónde te diriges. No des por hecho que las cosas son iguales a antes de que la IA pasara a formar parte del panorama.

3. Abre el proceso y toma decisiones

A continuación, invita a representantes de toda la organización a las reuniones de planificación. Pídeles que saquen a la luz puntos ciegos que tú y otros líderes podíais haber pasado por alto. Escucha lo que dicen los equipos de primera línea sobre los posibles pros y contras de la adopción de la IA. Sé transparente respecto a la necesidad de recopilar datos y recompensa la disensión constructiva. Construye una cultura en la que las personas compartan la propiedad de la transformación.

Luego, toma decisiones sobre hacia dónde os dirigís y qué se priorizará, preferentemente en discusiones en grupo y confidenciales, y no en público, porque algunas elecciones pueden ser difíciles y controvertidas.

4. Evalúa lo lista que está la organización

Centrándote en las partes del negocio que sean una gran prioridad para la integración y la transformación con IA, haz un cuadro con los procesos de toma de decisiones y flujos de trabajo existentes. Observa lo que los equipos realmente hacen y no lo que dicen sus manuales de gestión (porque, seamos honestos, ¿cuántos comerciales los siguen al pie de la letra?). Enumera los flujos de trabajo principales, las herramientas en uso y las competencias clave que exige cada paso.

Después, identifica dentro de ese mapa dónde puede la IA automatizar o impulsar resultados. Considera opciones suaves como los chatbots, así como sistemas más complejos como la gestión del conocimiento impulsada por IA. Por último, asegúrate de que la tecnología que revises respalde tu visión declarada de IA.

(Para orientación sobre cómo escalar iniciativas de IA de forma repetible, con *tech stacks* —tecnologías múltiples integrables—, consulta el apéndice).

5. Estima las inversiones

Calcula costes y estima plazos de adopción, abarcando las necesidades de formación, recualificación y contratación ya definidas. En la mayoría de los casos, la carga laboral será especialmente intensa para tus equipos de RR. HH. y de Aprendizaje y Desarrollo: ¿qué apoyo y recursos requieren?

6. Identifica métricas de éxito

Al final de este viaje, ¿qué significará tener éxito y cómo lo medirás? Si no conoces lo que realmente está en juego con el cambio ni tampoco sabes medir el progreso hacia él, es improbable que logres una reinvención real.

- ► Fija paralelamente los objetivos financieros y métricas claras.
- ► Define cómo será haber tenido éxito al final del viaje.
- ► Decide cómo lo medirás en el tiempo.
- ► Mide tiempos de ciclo más cortos y nuevos ingresos impulsados por la IA.
- ► Sigue el sentimiento de los empleados mediante encuestas.
- ► Supervisa el valor de tu marca para tus clientes.

7. Crea un cronograma para tu visión de IA

Una vez que sepas dónde encaja la IA en tu estrategia general, traza un cronograma para el cambio. Básalo en tus capacidades y en las realidades de tu sector. Los sectores fuertemente regulados pueden avanzar con lentitud, mientras que los nativos digitales quizás ya estén esprintando.

Habla con un amplio abanico de expertos externos con experiencia práctica en tecnología de IA y en el cambio organizativo relacionado. Elige hitos realistas y sé específico: qué debe lograr tu organización este trimestre, este año y dentro de tres o cinco años. Sé consciente de que algunos esfuerzos fracasarán; deja tiempo para aprender y ajustar.

8. Comparte la visión

Una vez que tus objetivos y tu cronograma de IA estén claros, comparte esa visión con toda la empresa. Recalca la urgencia, la promesa y la seriedad del cambio. Ve más allá de diapositivas y hojas de cálculo, y mantén conversaciones reales y bidireccionales con mandos, líderes de equipo e ingenieros más allá del comité de dirección.

Considera ese lado más blando de las comunicaciones. Por ejemplo, vincula la historia de la IA con el propósito y los valores de la empresa. Enuncia las preocupaciones sin permitir que dominen. Ayuda a las personas a descubrir cómo tus audaces ideas siguen honorando los principios fundamentales.

Desarrollar un lenguaje compartido ayuda a la gente a captar las prioridades, a detectar conflictos y a saber cuándo escalar. Si careces de una declaración formal de valores, podrías tomar prestados los *leadership principles* de Amazon; de entre ellos, «Invent and simplify», «Are right, a lot» y «Learn and be curious» son quizá los más importantes.

Los 16 principios de liderazgo de Amazon

1. Obsesión por el consumidor	9. Sesgo de acción
2. Propiedad	10. Frugalidad
3. Inventa y simplifica	11. Gánate la confianza
4. Tienes razón, muy a menudo	12. Profundiza
5. Aprende y sé curioso	13. Ten integridad y compromiso
6. Contrata y forma a los mejores	14. Da resultados
7. Insiste en estándares altos	15. Sé el mejor empleado del planeta
8. Piensa a lo grande	16. Sé socialmente responsable

FASE DOS: PREPARA LA ORGANIZACIÓN PARA EL CAMBIO

Una vez que tu organización tenga claro lo que pretende lograr con la IA a lo largo del tiempo, ponte táctico acerca de dónde aportará valor real. Identifica lo que necesitas hacer para integrarla de forma efectiva.

1. Elabora tu plan de talento

Toma nota de las brechas en capacidades que la adopción de IA va a crear. Traza las competencias, por rol y nivel de antigüedad, con el mayor detalle posible. Los ejecutivos sénior no deben quedar exentos de este ejercicio.

- ► ¿Qué competencias hará redundantes la IA?
- ► ¿Cuántas personas necesitarán *upskilling* o *reskilling*; de qué modo?
- ► ¿Pueden estos empleados pasar a otros tipos de trabajo dentro de tu organización?
- ► A los empleados, ¿qué les exige la adopción de IA?
- ► ¿Qué mandos intermedios tendrán que pasar a roles de *coaching* y de gestor-contribuyente?

Aunque casi con toda seguridad habrá reducciones de plantilla en algunas áreas, podrías experimentar un aumento global neto de trabajadores. Mojgan Lefebvre, directora de Tecnología y Operaciones de Travelers, nos dijo: «La mayoría de las nuevas tecnologías no han supuesto necesariamente que el número de personas necesarias en general para hacer el trabajo sea menor. Ha sido mayor. Puedes eliminar algunas formas de trabajo, pero ahora se necesita gente para hacer otras cosas».

Ofrece formación en alfabetización en IA a equipos tanto técnicos como no técnicos. La IA toca un abanico enorme de funciones y avanza rápido. Un proceso de aprendizaje compartido facilitará la colaboración en toda la organización. Los trabajadores que sepan cómo crear nuevo valor verán la IA como un activo, no como una amenaza.

2. Encuentra a tus impulsores de IA

Elige o incorpora a las personas que impulsarán la adopción, el gobierno y el cambio de la IA de los grupos siguientes:

► Líderes sénior que hagan suya la visión.
► Mandos intermedios que ejecuten y garanticen una adopción adecuada de la IA dentro de sus equipos (véase el capítulo 2).
► Especialistas que tomen nota de los detalles y mantengan los proyectos en marcha (aunque teniendo cuidando, eso sí, de que la adopción de IA sea de cosecha propia y no impuesta por un ejército de externos de paso).

Construye una red de «embajadores de IA» en los distintos departamentos. Los embajadores son empleados, de áreas diferentes, que han sido los primeros en adoptarla y que pueden enseñar y promoverla entre sus pares. Por ejemplo, un gran banco introdujo automatización de procesos basada en IA y nombró campeones en cada equipo de operaciones para que aprendiesen a usar la herramienta, creando un sencillo bot, y luego animasen a sus colegas, demostrándoles el tiempo ahorrado en tareas rutinarias. El aprendizaje entre pares puede acelerar enormemente la adopción de IA y ayudar a garantizar que sus herramientas se utilicen de forma responsable.

3. Acuerda la experimentación inicial con IA

Identifica las partes de la organización que deban servir como bancos de pruebas para experimentos de IA —implementaciones de mayor impacto y menor riesgo—. Probablemente ya hayas hecho parte de esto, pero, al escalar, puedes tomar estas decisiones en un lienzo mayor. Como recalcamos en la fase tres, evita el *pilot hell*, en el que tienes cientos de iniciativas desconectadas con poca estrategia que las guíe, escaso aprendizaje compartido o sin una lógica clara sobre cuándo hacer crecer o cerrar proyectos. Esto requiere experimentación disciplinada, no pilotos desordenados. Pregúntate:

- ¿Deberías conformar un equipo multidisciplinar de diseño e ingeniería?
- ¿Cómo interactuarán tus equipos habilitados por IA?
- ¿Qué cambios en tus sistemas han de realizarse para asegurar que una iniciativa con éxito pueda escalarse por toda la empresa?

Recientes estudios del Social and Language Technologies Lab de la Universidad de Stanford sugieren que los trabajadores «en general prefieren altos niveles de actuación humana» en las tareas donde más les gusta usar la IA.[64] Quizá convenga empezar por ahí, evaluando una herramienta que aumente, más que automatizarlo, un flujo de trabajo existente.

En conjunto, este paso debería quedar aclarado por el trabajo que has realizado en la fase uno. Tendrás foco si tienes un sentido claro de cómo la IA se imbuye en tu estrategia. Idealmente, podrás juzgar los posibles experimentos en función de si realmente ayudan a impulsar esa estrategia o si suponen una distracción.

FASE TRES: DISEÑA Y LANZA UN PROGRAMA DE EXPERIMENTACIÓN

Es posible que tu empresa ya haya probado pilotos de IA. Eso no es lo mismo que tener un programa permanente y disciplinado de experimentación y aprendizaje. Un programa bien diseñado mantiene en marcha pruebas pequeñas y de bajo coste para poder sondear incógnitas importantes y aprender con rapidez. Un progama de este tipo ayuda a la empresa a mantener el ritmo en un campo que cambia a diario.

Una vez que selecciones los equipos y casos de uso para los experimentos, toma con claridad algunas decisiones:

- ¿Cuál es el mínimo que necesitas hacer para alcanzar los aprendizajes? Tu objetivo es, antes de invertir en dejar todo perfecto, aprender.
- ¿Cuánto durará cada prueba, teniendo un horizonte global de IA de cinco años?
- ¿Cómo decides si funcionó (y qué pasa si fracasa)?
- ¿Qué tecnologías te conducirán hacia la visión de IA de tu organización?

Escoge entre medidas que se ajusten a tu visión de IA y no solo a las ganancias en eficiencia. Las métricas posibles incluyen las siguientes:

- **Ganancias de eficiencia**. Tiempo ahorrado por tarea, tasas de cierre de casos o reducción de la acumulación (*backlog*).
- **Ganancias en precisión y calidad**. Reducciones de la tasa de error y de tasas de falsos positivos/negativos.
- **Resultados de cumplimiento y riesgo**. Métricas de calidad, menos problemas de auditoría o de menor gravedad, cumplimiento normativo.
- **Métricas de adopción y uso**. Tasas de utilización de la IA, número de veces que una recomendación de IA fue anulada por una persona.
- **Métricas de gestión y formación**. Menos escalados, incorporación más rápida de nuevos miembros del equipo, evaluaciones cualitativas de la calidad del trabajo.
- **Impactos en la fuerza laboral**. Net Promoter Scores, satisfacción laboral, *feedback* cualitativo sobre utilidad y confianza.
- **Brechas en capacidades**. Falta de comprensión sobre cómo usar la IA de forma efectiva o entrenar a los equipos en su uso adecuado.

Las métricas técnicas, aunque importan, no son suficientes. Evalúa las primeras pruebas de IA con los KPI clave. Tu objetivo ha de ser superior a ganancias incrementales o éxitos rápidos: estás construyendo conocimientos y habilidades para un cambio a gran escala. Usa tus criterios de éxito para definir tu velocidad de escalado. Si una herramienta reduce los gastos generales un 5 por ciento en lugar de un 20, ajusta el siguiente paso.

Sigue ejecutando experimentos, incluso mientras crecen tus despliegues a escala completa. Cada nueva ola de IA trae lecciones nuevas y deberías aprenderlas en tiempo real.

FASE CUATRO: CONSTRUYE LA INFRAESTRUCTURA DE SOPORTE

Conforme se ejecutan los experimentos, prepara la empresa para integrar la IA en equipos y decisiones. Esto significa construir o perfeccionar los soportes necesarios:

► Infraestructura de compartición de datos, sistemas de almacenamiento, redes y, potencialmente, plataformas de aprendizaje automático (ML) y herramientas de operaciones de *machine learning* (MLOps).

► Un marco de gobernanza de IA, que establezca límites y buenas prácticas para toda la organización sobre a qué información pueden acceder tus modelos, quién tiene acceso a qué información y qué decisiones deben y no deben tomarse usando IA (al igual que con la infraestructura de datos compartidos, este paso también puede llegar antes si estás preparado para ello).

► Recursos de aprendizaje y desarrollo identificados en el paso dos (evalúa la preparación organizativa).

► Una coalición sénior que asuma e impulse la adopción de IA.

FASE CINCO: SUPERVISA LA GESTIÓN DEL CAMBIO

A medida que madure tu tránsito hacia la IA, orienta a tu fuerza laboral hacia un trabajo adaptativo y descentralizado. Deberías haber estado trabajando en remodelar tu cultura desde el principio, pero tendrás que acelerar tus esfuerzos según se consolida la base tecnológica. Este proceso incluye los pasos siguientes.

1. Establece tu estilo de liderazgo

Los líderes mantienen sana una organización distribuida señalando quién es dueño de qué. Recuerda los corazones analítico, ágil y alineado; ten claro qué corazón usar en cada contexto. Utiliza enfoques ágiles y de alineamiento, en lugar de procesos analíticos, siempre que sea posible.

El comité de dirección debería asumir fundamentalmente asuntos de alto nivel o restringidos, como negociaciones sindicales o adquisiciones. Sé muy específico sobre los límites del control ejecutivo para evitar una reversión gradual a comportamientos por defecto.

A medida que la IA vaya más allá de los pilotos, fija tus tareas propias en las áreas siguientes:

- ▶ Enumera las oportunidades y amenazas de IA a las que te enfrentas.
- ▶ Estate pendiente de las señales tempranas al tiempo que vayan surgiendo.
- ▶ Planifica cómo aprovechar oportunidades y mitigar riesgos.
- ▶ Ajusta tu rol según sea necesario.

Mantén una lista de los temas clave y revísala con frecuencia.

2. Fomenta la iteración

Sigue de cerca las métricas de éxito claves y promueve un *feedback* franco e interfuncional. Basándote en la visión de tu organización para la IA, ¿estás logrando un progreso suficiente? ¿Qué más puede o debe hacerse para competir cuando tus competidores y clientes usan IA avanzada?

Despliega un «buzón de sugerencias de IA» que escanee la conversación interna y detecte ideas nuevas. Encauza cada hallazgo hacia el propietario del proyecto y el patrocinador sénior. Evita el juego del teléfono político (se distorsiona el mensaje): el *feedback* directo es más claro. Incentiva a los líderes a revisar y actuar con frecuencia sobre estas señales y, para mantener flexible al pulpo, refina las tácticas constantemente.

3. Evita imponer la IA

La adopción de la IA será accidentada. Algunos equipos se resistirán o incluso aparcarán las nuevas herramientas. Las órdenes de arriba solo llegan hasta cierto punto y pueden llegar a minar la moral. Emplea un enfoque de tres frentes.

- ► Explica por qué cambia cada proceso y cómo medirás el éxito. Destaca que la IA amplía las capacidades del personal.
- ► Deja que los mandos impulsen la adopción dentro de sus propios equipos. Evita los cursos de *e-learning* anónimos, los seminarios puntuales o las charlas estilo TED del comité de dirección. Siempre que sea posible, trae expertos externos para que hablen. Así, las personas ganan perspectiva y confianza. Recuerda: el cambio arraiga mejor cuando el aprendizaje ocurre dentro del equipo, no cuando se impone desde arriba.
- ► Elige un marco de transformación y síguelo. La adopción de IA es un viaje continuo, no se lanza todo de una vez. Muchas empresas usan el modelo de ocho pasos de Kotter o el ADKAR de Prosci (*awareness, desire, knowledge, ability, reinforcement*) para guiar el cambio.

Los cambios culturales requieren de algo más que memorandos bien redactados y declaraciones formales. Conseguir la adhesión precisa de tiempo y esfuerzo constante. Mantén vivo el diálogo sobre IA mediante asambleas internas, boletines, sesiones de formación y encuestas rápidas. Obtén *feedback* y ajusta tu mensaje continuamente.

4. Da el ejemplo adecuado

Como recalcamos en el capítulo 6, una cultura positiva y con propósito acelera la adopción de la IA.

► El cambio cultural comienza con modelos de conducta que seguir. Los líderes sénior deben usar los datos y la IA diariamente. Los empleados perciben esas señales. Cuando se lance un panel de control predictivo, observa a los altos ejecutivos: ¿lo citan o se basan en la intuición?

► Tu visión de IA ha de guiar las decisiones, no limitarse a las diapositivas.

► Cuando los proyectos se tambaleen, repite por qué importa el cambio. La visión puede parecer innecesaria en los buenos tiempos, pero ancla a los equipos cuando los resultados flaquean.

► Celebra cada logro. Comunica los hitos de los pilotos en los canales internos. Elogia al equipo, explica los pasos y vincula los beneficios con la estrategia. Habla de las herramientas en segundo lugar. El reconocimiento alimenta la motivación y enseña a los demás.

Si haces todo esto, con el tiempo, el personal llegará a ver a la IA como una posible aliada. El escepticismo se transformará en curiosidad: «Quizá la IA también pueda mejorar mi trabajo».

UNA ÚLTIMA PALABRA

Una última lección del pulpo: no copies su esperanza de vida. Por muy adaptable y resistente que sea la especie, cada individuo vive solo unos pocos años. Se reproducen una vez y luego mueren: los machos expiran tras la fertilización y las hembras se dejan morir de hambre mientras protegen sus huevos. Incluso el pulpo gigante del Pacífico Norte, el Matusalén de la especie, rara vez alcanza los cinco años.

Aunque la vida media de una empresa cotizada ha pasado de unos treinta y cinco años en 1970 a unos veinte en la actualidad, tu organización no tiene por qué compartir ese reloj biológico. La longevidad es el resultado de una transformación estratégica exitosa. Hermès sigue elaborando cuero después de 180 años y W. R. Grace pasó de recolectar excrementos de aves peruanas en 1854 a convertirse en un imperio químico global.

La inminente ola de IA despojará de su «caparazón» a los operadores tradicionales más rígidos. Al mismo tiempo, el valor añadido de la IA generativa, para las empresas que la adopten, alcanzará los billones de dólares en menos de una década. Para quienes den el salto evolutivo, puede ser la mayor oportunidad de sus vidas.

Conecta la inteligencia de cada brazo, impulsa la toma de decisiones desde el comité de dirección hacia los puntos de contacto con el cliente y aprende más rápidamente de lo que cambia el mercado. Si lo haces, multiplicarás tus ventajas durante décadas, quizás siglos.

En el reino animal, la selección natural es el destino; en los negocios, la longevidad es el resultado de una elección. Así que elige adaptarte. La nueva era ya ha comenzado.

Apéndice
Escala la IA empresarial

Para muchos líderes del comité de dirección, escalar las transformaciones de IA en el ámbito empresarial parece un desafío insuperable. A pesar de toda la expectación, solo alrededor del 26 por ciento de las empresas ha obtenido un «valor significativo» de sus esfuerzos en IA.[65] ¿Por qué es tan difícil escalar la IA?

La incursión temprana de General Electric (GE) en la analítica algorítmica lo refleja bien: a mediados de la década de 2010, GE invirtió miles de millones en una gran visión de transformación digital centrada en su plataforma Predix; el objetivo era infundir analítica impulsada por IA en todas las divisiones industriales de GE. Externamente, las cosas parecían prometedoras: en 2014, GE anunció más de 1000 millones de dólares adicionales en ingresos anuales por servicios digitales.[66] Sin embargo, internamente, los recursos empezaron a dispersarse, los proyectos carecían de un enfoque claro y los plazos se alargaban; intentar «hacer hervir al océano» transformando todas las unidades simultáneamente resultó inmanejable. En 2017, Predix fue desmantelada y vendida como parte de una reestructuración general de la compañía.

El tropiezo de GE ilustra una verdad aleccionadora: disponer de grandes recursos y tecnología de vanguardia no garantiza el éxito al escalar la automatización, si esa tecnología carece de enfoque estratégico y alineación organizativa. Por otro lado, las recompensas de hacerlo bien son enormes. JPMorganChase, por ejemplo, implementó un sistema de IA llamado COIN para revisar documentos legales y contratos de préstamo, una tarea que antes representaba 360 000 horas anuales de trabajo de abogados.[67] COIN puede analizar esos documentos en segundos, liberando tiempo para que los abogados se concentren en tareas más complejas y de mayor valor.

COIN funciona porque fue diseñado para resolver un problema concreto, y permanece integrado en un flujo de trabajo muy específico que se centra en abordar una tarea de alto volumen y repetitiva. Evitó convertirse en una especie de «omnisolución».

A continuación, ofrecemos sugerencias para los ejecutivos de comité de dirección, especialmente CIO y CTO, que buscan escalar la IA de manera sostenible.

COMIENZA CON LOS «PUNTOS DE DOLOR», NO CON LA TECNOLOGÍA

Muchas empresas lanzan decenas de pilotos de IA que nunca se traducen en resultados de negocio. A menudo, el problema es que el piloto no se diseñó para resolver un desafío estratégico, sino para probar un problema técnico concreto. Tu organización obtendrá mucho más valor de sus primeros experimentos con IA si se los plantea como oportunidades para resolver un problema real del negocio. Pregúntate:

- ¿Qué tipo de uso aborda tu piloto?
- ¿Resuelve lo que es un evidente *job to be done* de forma que tus clientes se den cuenta?
- ¿Cómo podría implementarse si tuviera éxito?

Los pilotos pueden presentarse a veces como pruebas de bajo riesgo, pero debería adoptarse la perspectiva contraria. Los pilotos de IA han de considerarse una parte integral de la estrategia de crecimiento de tu organización.

HAZ MENOS Y ESPERA MÁS

Las empresas líderes en IA se concentran en menos iniciativas, pero anticipan aproximadamente el doble de retorno sobre la inversión (ROI) que las que las siguen. Incluir métricas cuantificables en los primeros pilotos puede ayudar a tu organización a centrarse en aquellos que parezcan más prometedores y generen apoyo ejecutivo.

Haz que el «derecho a escalar» dependa de alcanzar hitos predefinidos. Por ejemplo: «Si podemos ahorrar al menos un 15 % en costes con esta herramienta de enrutamiento de la cadena de suministro, podremos invertir un x % adicional para implementarla en los equipos de logística».

FORTALECE TUS FUNDAMENTOS DE DATOS

Los datos que alimentan tus aplicaciones de IA deben estar integrados, limpios, y ser accesibles. Si los datos de tu empresa están fragmentados en distintos sistemas de mala calidad o difíciles de acceder, escalar la IA en el ámbito empresarial estará siempre fuera de tu alcance.

Un paso inicial y crucial es crear una plataforma de datos unificada, a menudo un lago (*data lake*) o almacén de datos en la nube, que agregue información relevante de todo el negocio. Airbus, por ejemplo, se asoció con Palantir para construir una plataforma llamada Skywise que integra datos de sus operaciones de fabricación y de aerolíneas, lo que permite el mantenimiento predictivo, impulsado por IA, en las aeronaves. Starbucks comprendió que, para personalizar sus ofertas a escala, necesitaba aprovechar los datos de compra y fidelidad de millones de clientes en tiempo real; para lograrlo, invirtió en una plataforma de análisis centralizada que integra datos de transacciones, niveles de inventario, condiciones meteorológicas y más. (Deep Brew, del capítulo 5, también opera sobre esta plataforma). Establecer estos flujos de datos y hacerlos accesibles a los modelos de IA requiere de atención continua.

Limpiar y estandarizar los datos puede parecer una tarea ingrata, pero es vital. Bosch, el gigante alemán de ingeniería, reconoció que la IA solo puede ser tan buena como los datos que la alimentan: ha hecho de la gobernanza de datos un pilar de su estrategia, asegurando que los sensores de sus dispositivos y máquinas proporcionen datos coherentes y precisos a sus sistemas AIoT (IA + IoT). La visión de Bosch es que, para finales de 2025, todos sus productos contengan IA o se fabriquen utilizando IA; un objetivo ambicioso que requirió formar a 65 000 empleados en prácticas de IA y *software* para gestionar los datos y el desarrollo.[68] A comienzos de 2025, el personal de Bosch había registrado más de 1500 patentes de IA, situándola entre los principales innovadores europeos. Bosch convirtió la limpieza y estandarización de datos en una responsabilidad de todos los implicados en el diseño y lanzamiento de nuevos productos. Si esa responsabilidad se hubiera limitado a un equipo técnico dedicado, probablemente habría dado como resultado simples «parches» y no una mejora sistémica.

La accesibilidad de los datos también es clave. Si un departamento acapara información ante otros, obstaculizará las aplicaciones de IA interfuncionales. Aunque existen preocupaciones legítimas de privacidad, el acaparamiento de datos suele tener un origen político: un departamento intenta mantener su «ropa sucia» escondida.

En la medida de lo posible, los datos de la empresa deben tratarse como un activo compartido. Algunas compañías líderes adoptan catálogos o mercados internos de datos, donde los equipos pueden descubrir y solicitar los conjuntos de datos que necesiten; otras crean equipos interdepartamentales de datos para fusionar conjuntos de información destinados a proyectos de IA. La aparición del concepto de *feature store* («almacén de características») es un habilitador técnico clave aquí: se trata de un repositorio centralizado de variables o señales de datos para modelos de aprendizaje automático (ML) que pueden reutilizar distintos equipos.[69] Implementar este tipo de productos de datos puede acelerar enormemente la escala: por ejemplo, si un equipo ha desarrollado una característica útil (como un *customer lifetime value score*), otros pueden extraerla del almacén en lugar de reinventarla. Estos almacenes también existen en el ámbito de proveedores de nube como AWS o en grupos empresariales como la firma de capital riesgo Prosus.[70]

IMPLEMENTA «MACHINE LEARNING OPS» PARA LA GESTIÓN DEL CICLO DE VIDA

Las soluciones de IA puntuales pueden elaborarse artesanalmente; pero docenas, no. Aquí es donde entra en juego MLOps, un conjunto de prácticas y herramientas para gestionar el ciclo de vida del *machine learning*. MLOps es para los modelos de IA lo que DevOps es para el *software*: agiliza la codificación, las pruebas, el despliegue, la supervisión y la iteración. Por ejemplo, las empresas pueden utilizar canalizaciones de integración y despliegue continuos (CI/CD) para modelos de IA, de modo que, cuando los científicos de datos registran una nueva versión del modelo, esta pasa automáticamente por las pruebas y puede desplegarse en producción de forma gobernada. Las plataformas de MLOps (como la de código abierto Kubeflow o las comerciales Dataiku, Databricks MLflow y Azure Machine Learning) pueden proporcionar flujos de trabajo estandarizados para la preparación de datos, el seguimiento de experimentos, el servicio y la supervisión de modelos.

Netflix gestiona cientos de modelos de *machine learning* para alimentar su motor de recomendaciones, pruebas A/B y valoración de contenidos. Para controlar estos modelos, la empresa construyó un sólido conjunto interno de herramientas de MLOps alrededor de la plataforma de código abierto Metaflow, que permite una experimentación y un despliegue rápidos. Uber siguió un camino similar con su plataforma Michelangelo, que estandarizó el flujo de trabajo para desarrollar y desplegar modelos; estas inversiones dieron fruto al aumentar drásticamente el número de proyectos de IA que Uber pudo generar.

MANTÉN LA SEGURIDAD Y FIABILIDAD

A gran escala, la IA pasa a formar parte de procesos críticos para el negocio, por lo que tu infraestructura de ciberseguridad debe ser sólida y segura. Incorpora los sistemas de IA a tus modelos de amenaza cibernética, ya que la IA introduce nuevos riesgos como el envenenamiento de datos (si alguien introduce de forma maliciosa datos erróneos para reentrenar un modelo) o los *inputs* de adversario (entradas especialmente diseñadas para engañar a un modelo). Garantiza controles de acceso adecuados sobre los datos y los modelos: quién puede desplegar cambios, quién puede ver los datos sensibles de entrenamiento, etc.

Asimismo, planifica mecanismos de seguridad y contingencia: si un servicio de IA falla o produce un resultado anómalo, ¿existe una alternativa humana o un sistema más simple basado en reglas? Por ejemplo, si tu herramienta de optimización de inventarios impulsada por IA deja de funcionar, ¿pueden los planificadores volver temporalmente a una fórmula estándar de *stock* de seguridad hasta que la herramienta se restablezca? Siempre que sea posible, deberían considerarse configuraciones de alta disponibilidad (instancias redundantes, etc.) para los servicios de IA críticos.

En el fondo, asegúrate de que los pilotos aborden necesidades esenciales del negocio.

Establece un método para priorizar los casos de uso de IA que resulten más prometedores para tu organización y redobla la inversión en ellos. Y, por último, crea una infraestructura de datos que permita que la IA escale desde los experimentos hasta un proceso racionalizado y estandarizado de mejora continua.

Con el tiempo, la transformación de IA de tu organización evolucionará desde una fabricación artesanal y puntual de modelos hasta una línea de ensamblaje de soluciones impulsadas por IA.

Agradecimientos

Antes que nada, mi pensamiento va para Rebecca, Masha, mamá, Cathy, Margot y Lora, las mujeres de mi vida.

Ha sido un placer trabajar en este libro junto con tantos amigos, empezando por todo el equipo de KPMG: Pär Edin, Brian Miske, Elisa Holland, Richard Entrup, David Pessah, Jenn Linardos; mi «gabinete secreto de tecnología»: Kent Langley, David Andre, Ted Selker, Rodney Brooks, Deborah McGuinness (y la otra Deborah), Tommy Gardner; y las muchas personas que no puedo mencionar de los distintos sectores y organismos públicos.

A mi socio en la exploración global, Niki Skene.

A Barbara Silva, de Singularity Chile, quien en 2019 hizo la primera gran apuesta por mi investigación sobre la IA y el futuro de las organizaciones. A todos mis extraordinarios agentes —en especial Ellis Trevor de Chartwell, Barrett Cordero de BigSpeak, Angela Schelp de Executive Speakers y Rainey Foster de Leading Authorities—, a Melissa Spencer, así como a todo el personal de sus respectivas organizaciones. Y a Tony D'Amelio, por estar siempre ahí, asesorándome en este viaje. Esta investigación no habría sido posible sin los miles de directivos a los que vuestras firmas me han puesto delante. Esas conversaciones han moldeado mi pensamiento sobre la IA y las organizaciones.

A Steve Brown y Nik Badminton, por estar siempre dispuestos a charlar sobre lo que observan.

A Alvin Ho Young, Omar Acosta, Cary Janks, Patty Tulloch, Meghan Kennedy Cordella, Katie Burton y Chris West, por ayudarme a clarificar mis ideas y, siempre, siempre, hacerme quedar bien. A Arthur Goldwag, mi maestro de vida y editor durante los cuatro años de gestación de este libro.

Por el arduo trabajo de análisis de datos, gracias a Michael McDonald, de Harrison Assessments, y a Jim Povec, por ayudarme a interpretarlos. Nuestro intenso trabajo estudiando los rasgos de liderazgo de quienes toman mejores decisiones bajo incertidumbre ha sido transformador.

Un agradecimiento especial a Adam Grant, Daniel Katsin, Gilad Karni y mi mentor, Robert Ellis, por mostrarme con su ejemplo que es posible una mejor forma de vivir y liderar. También estoy profundamente agradecido por las ideas de los *master coaches* de mi vida: siempre ofrecen consejos sabios. En particular, gracias a Margaret Andrews (Harvard Business School), Ciela Hartanov (Dropbox), Dorie Clark, Rita McGrath (Columbia Business School) y el coronel Mike Rauhut, director del Executive Coaching Program en el Army War College, por guiarme en el lado más humano del cambio radical.

Y a Steve Wunker. Este viaje comenzó hace casi una década, cuando leí tu artículo. Gracias por responder a mi correo de preguntas sobre él y a los muchos que han venido después. Fue una prueba temprana de lo que hoy hemos cuantificado: que la serendipia estratégica es, de hecho, el camino hacia la buena fortuna.

Jonathan Brill

Este puede ser mi quinto libro, pero no por eso se hace más fácil. En este caso, escribimos sobre una transformación que apenas comienza y tuvimos que ensamblar fragmentos del panorama a partir de una enorme variedad de fuentes, procurando que el conjunto mantuviera coherencia. Definitivamente, necesitábamos ayuda.

Gracias a Jonathan Brill, en muchos sentidos. La idea de la Organización Pulpo surgió de sus conferencias, que se remontan varios años atrás, y muchos de los conceptos de este libro provienen de su profundo y creativo análisis de lo que está observando en la primera línea del cambio. Este libro es distinto a mis obras previas en muchos aspectos y eso se debe, en gran medida, a las singulares capacidades de Jonathan y a su constante empeño en observar los viejos problemas con lentes nuevas.

También agradezco a los numerosos entrevistados para este libro. En particular, valoro las aportaciones de Andy Shin, director de Estrategia en Mass General Brigham, y Mojgan Lefebvre, directora de Información y Operaciones en Travelers. Ambos son visionarios prácticos que están a la vanguardia de estos cambios.

Estoy igualmente en deuda con muchos colaboradores. Varios de mis colegas en New Markets Advisors comentaron los borradores. Entre ellos, Peter Hale fue especialmente decisivo: investigó tesis, ayudó a construir argumentos y aportó innumerables ideas al texto; Arthur Goldwag, editor y escritor de primer nivel, también trabajó extensamente con nosotros para idear enfoques, desarrollar analogías y pulir la redacción.

Debo mucho a quienes han moldeado mi forma de pensar, y a nadie más que al fallecido Clay Christensen. Clay me guió durante casi seis años en su firma y me enseñó a pensar sobre la innovación disruptiva. La IA puede ser la innovación más disruptiva de la historia y sus lentes me ayudaron a adoptar una visión sistemática y organizada sobre lo que significa.

Gracias también a mi familia —Jessica, Wyatt, Cyrus y Monty—, que me acompañó en este viaje. El pensamiento de Wyatt sobre la IA y el liderazgo desempeñó un papel importante en el capítulo 4 de este texto. Y gracias a mi padre, Robert Wunker, quien, como con cada uno de mis libros, lo leyó con detalle y aportó sus comentarios.

Este equipo fue, en sí mismo, una especie de organización pulpo, con una auténtica inteligencia distribuida. El resultado lleva nuestros nombres, pero es fruto del esfuerzo de muchos.

Stephen Wunker

Referencias

INTRODUCCIÓN

1. OpenAI *et al.*, «Competitive programming with large reasoning models», arXiv, february 18, 2025, https://doi.org/10.48550/arXiv.2502.06807.
2. See Mustafa Dogan, Alexandre Jacquillat and Pinar Yildirim, «Strategic automation and decision-making authority», *Journal of Economics & Management Strategy* 33, no. 1 (september 2023): 203–46.

CAPÍTULO 1

3. See Jonathan Brill, *Rogue Waves*, 2021.
4. «AI has high data center energy costs —but there are solutions», *MIT Sloan*, january 7, 2025.
5. «P & G taps into AI and automation for faster, smarter operations», *Consumer Goods Technology*, december 3, 2024.
6. Qirui Hu, «Unilever's practice on AI-based recruitment», *Highlights in Business, Economics and Management* 16 (2023): 256–63.
7. Ashish Vaswani *et al.*, «Attention is all you need» (arXiv, august 2, 2023), https://doi.org/10.48550/arXiv.1706.03762; «Introducing ChatGPT», march 13, 2024, https://openai.com/index/chatgpt/.
8. «Smarter claims management, smoother settlements», Allianz.com, accessed june 17, 2025, https://www.allianz.com/en/mediacenter/news/articles/250205-smarter-claims-management-smoother-settlements.html.
9. «Siemens drives AI adoption with industrial operations X an NVIDIA...», c2_ct_press_release, accessed june 17, 2025, https://press.siemens.com/global/en/pressrelease/siemens-drives-ai-adoption-industrial-operations-x-and-nvidia-accelerated-industrial.
10. «Siemens and Qualcomm Technologies Set up the First Private Standal...», c2_ct_press_release, accessed june 17, 2025, https://press.siemens.com/global/en/pressrelease/siemens-and-qualcomm-set-first-private-standalone-5g-network-industrial-environment.

11. «Dominion resumes new connections, but Loudoun faces lengthy power constraints», *Data Center Frontier*, accessed june 17, 2025, https:// www.data-centerfrontier.com/energy/article/11436951/dominionresumes-new-connections-but-loudoun-faces-lengthy-power-constraints.

12. «US gas-fired turbine wait times as much as seven years; costs up sharply», *S & P Global Commodity Insights*, may 20, 2025.

13. «Building enterprise AI maturity», *MIT CISR*, 2024.

14. Steve Blank, «Organizational debt is like technical debt —but worse», *Forbes*, may 18, 2015.

CAPÍTULO 2

15. Carl von Clausewitz, *On War*, trans. Michael Howard and Peter Paret (Princeton, New Jersey: Princeton University Press, 1984).

16. Alfonso Íñiguez, «The octopus as a model for artificial intelligence —a multi-agent robotic case study», in *Proceedings of the 9th International Conference on Agents and Artificial Intelligence* (9th International Conference on Agents and Artificial Intelligence, Porto, Portugal: SCITEPRESS - Science and Technology Publications, 2017), 439–44, https://doi.org/10.5220/0006125404390444.

17. «How Stripe is using AI to create personalized checkout experiences», march 26, 2025, https://stripe.com/blog/stripe-ai-personalized-checkout-experiences.

18. «Siemens, AWS partner to simplify use of AI in software development - design engineering», january 10, 2024, https://www.design-engineering.com/siemens-aws-partner-to-simplify-use-of-ai-in-*software*-development-1004041584/.

19. Slack, «How beyond better foods whips up success with Slack and salesforce», *Slack*, accessed april 4, 2025, https://slack.com/customer-stories/beyond-better-foods-story.

20. Bill Schaninger, Bryan Hancock and Emily Field, *Power to the middle: why managers hold the keys to the future of work* (Harvard Business Review Press, 2023).

21. Manuel Hoffman *et al.*, «Generative AI and the nature of work», Harvard Business School Working paper 25-021, 2025.

22. Suqing Wu *et al.*, «Human-generative AI collaboration enhances task performance but undermines human's intrinsic motivation», *Scientific Reports* 15, no. 1 (april 29, 2025): 15105, https://doi.org/10.1038/s41598-025-98385-2; «How AI will divide the best from the rest», *The Economist*, accessed february 14, 2025, https://www.economist.com/finance-and-economics/2025/02/13/how-ai-will-divide-the-best-from-the-rest.

23. Agarwal, Nikhil, Alex Moehring, Pranav Rajpurkar and Tobias Salz. Combining human expertise with artificial intelligence: experimental evidence from radiology. NBER Working Paper Series, no. w31422. Cambridge, Mass: National Bureau of Economic Research, 2023.

24. Carlos Perez, *The deep learning AI playbook: strategy for disruptive artificial intelligence* (Intuition Machine, 2017).

25. Francisco Castro, Jian Gao and Sébastien Martin, «Does GenAI impose a creativity tax?», *MIT Sloan Management Review*, october 31, 2024, https://sloanreview.mit.edu/article/does-genai-impose-a-creativity-tax/.

26. Stephen Wunker, «How AI can revolutionize pharma sales and marketing», *Forbes*, june 5, 2023.

27. Alex Heath, «Mark Zuckerberg says Meta is making this the "year of efficiency"» *The Verge*, february 2, 2023, https://www.theverge.com /2023/2/1/23581938/mark-zuckerberg-metaearnings-q4-efficiency -cutting-managers.

CAPÍTULO 3

28. Sidney Carls-Diamante, «Where is it like to be an octopus?», *Frontiers of Systems Neuroscience*, march 13, 2022.

29. R. H. Coase, «The nature of the firm», *Economica* 4, no. 16 (1937): 386–405, https://doi.org/10.1111/j.1468-0335.1937.tb00002.x.

30. *American Society of Landscape Architects*, 2006: https://www.asla.org/awards/2006/studentawards/282.html.

31. Augusto Marietti, «API mandate: how Jeff Bezos' memo changed software forever», *Kong Inc.*, https://konghq.com/blog/enterprise/api-mandate.

CAPÍTULO 4

32. Rita McGrath, 15th Global Peter Drucker Forum, Vienna, 2023.

33. «IMD Future Readiness Indicator - CPG 2025», https://www.imd.org/future-readiness-indicator/home/consumer-packaged-goods-2025/.

34. Suqing Wu *et al.*, «Human-generative AI collaboration enhances task performance but undermines human's intrinsic motivation», *Scientific Reports* 15, no. 1 (april 29, 2025): 15105, https://doi.org/10.1038/s41598-025-98385-2.

35. «As AI's power grows, so does our workday», *CEPR*, march 28, 2025, https://cepr.org/voxeu/columns/ais-power-grows-so-does-our-workday.

36. Jordi Canals and Franz Heukamp, *The Future of management in an AI World: redefining purpose and strategy in the Fourth Industrial Revolution*, Palgrave Macmillan IESE Business Collection (Palgrave Macmillan, 2020).

37. Alex Adamopoulos, «Opening salvo: radical (but practical) ideas for advancing knowledge work», 16th Global Peter Drucker Forum, Vienna, 2024.

38. For Every Patient | *Mass General Brigham*, https://www.massgeneralbrigham.org/en/about/for-every-patient.

39. Andy Shin, Chief Strategy Officer at MGB, interviewed by Stephen Wunker.

CAPÍTULO 5

40. Matthew A. Birk *et al.*, «Temperature-dependent RNA editing in octopus extensively recodes the neural proteome», *Cell* 186, no. 12 (june 8, 2023): 2544-2555.e13, https://doi.org/10.1016/j.cell.2023.05.004. References 133

41. Robin Marantz Henig, «Experts warned of a pandemic decades ago. Why weren't we ready?» *National Geographic*, april 8, 2020, https://nationalgeographic.com/science/article/experts-warned-pandemic-decades-ago-why-not-ready-for-coronavirus.

42. Stephen Wunker, Jessica Wattman and David Farber, *Jobs to be done: a roadmap for customer-centered innovation*, 2016.

43. For more on when to fast follow, see Stephen's article «Better growth decisions: early mover, fast follower or late follower», *Strategy & Leadership* 40, no. s (2012), doi:10.1108/10878571211209341.

CAPÍTULO 6

44. Sy Montgomery, *The soul of an octopus: a surprising exploration into the wonder of consciousness* (Atria Books, 2015).

45. See, for instance, Jennifer Mather, «The case for octopus consciousness: valence», *NeuroSci* 3, no. 4 (2022), 656–66; https://doi.org/10.3390/neurosci3040047.

46. John P. Kotter, *Leading change*, 1st ed. (Harvard Business School Press, 1996).

47. Clayton M. Christensen and Michael E. Raynor, *The innovator's solution: creating and sustaining successful growth*, 1st ed. (Boston: Harvard Business School Press, 2003).

48. John P. Kotter, *Leading change*, 1st ed. (Harvard Business School Press, 1996).

49. «IBM slashes around 8000 jobs, primarily from its HR Division», *ETHRWorld Southeast Asia*, may 27, 2025, *The Economic Times*, https://hrsea.economictimes.indiatimes.com/news/industry/ibm-lays-off-8000-workers-in-major-hr-restructuring-driven-by-ai/121405057.

50. Trey Williams, «Overlooking high performers can be a costly mistake, fortune», *Fortune*, march 18, 2024, https://fortune.com/2024/03/18/overlooking-high-performing-workers-costly-mistake-management/.

51. See a book that Stephen assisted on early in his career: Jay W. Lorsch and Tom J. Tierney, *Aligning the stars: how to succeed when professionals drive results* (Harvard Business Review Press, 2002).

52. Stephen Wunker, Jennifer Luo Law and Hari Nair, *The innovative leader: step-by-step lessons from top innovators for you and your organization* (Morgan James Publishing, 2024).

CAPÍTULO 7

53. Wunker, Law and Nair, *The innovative leader*, 2024.

54. M. M. Filkowski, R. N. Cochran and B. W. Haas, «Altruistic behavior: mapping responses in the brain», *Neuroscience and Neuroeconomics*, 2016.

55. Amy C. Edmondson, «Opening salvo: radical (but practical) ideas for advancing knowledge work», 16th Global Peter Drucker Forum, Vienna, 2024.

56. Mark Granovetter, «The strength of weak ties», *The American Journal of Sociology* 78, no. 6 (may 1973): 1360–80, https://doi.org/10.1086 /225469.

57. Dena Levitz, «6 principles Clark Gilbert used to transform Deseret News», *American Press Institute* (blog), february 1, 2013, https://americanpressinstitute.org/6-principles-clark-gilbert-used-transform-deseret-news/.

58. Roger Martin, «Strategy & design thinking», *Medium* (blog), july 16, 2021, https://rogermartin.medium.com/strategy-design-thinking-faf6b787160b.

59. Zachary Skidmore, «DOE: nuclear energy needs to triple by 2050, AI and data centers drive demand», *DCD*, october 7, 2024, https://www.datacenterdynamics.com/en/news/doe-report-highlights-need-to-triple-nuclear-capacity-by-2050-due-to-ai-and-data-center-load-growth/?utm_source=chatgpt.com; US Department of Energy, «Pathways to Commercial Liftoff Reports», accessed july 7, 2025, https://www.energy.gov/lpo/pathways-commercial-liftoff-reports.

60. «AI adoption statistics 2024: all figures & facts to know», *Vention*, https://ventionteams.com/solutions/ai/adoption-statistics.

61. Kate Den Houter, «AI in the workplace: answering 3 big questions», *Gallup*, october 8, 2024, https://www.gallup.com/workplace/651203/workplace-answering-big-questions.aspx.

CAPÍTULO 8

62. Quoted in Ceri Parker, «Artificial intelligence could be our saviour, according to the CEO of Google», *World Economic Forum*, january 24, 2018, https://www.weforum.org/stories/2018/01/google-ceo-ai-will-be-bigger-than-electricity-or-fire/.

63. Randall Stross, «Failing like a buggy whip maker? Better check your simile», *The New York Times*, january 9, 2010, sec. Business, https:// www.nytimes.com/2010/01/10/business/10digi.html.

64. Yijia Shao *et al.*, «Future of work with AI agents: auditing automation and augmentation potential across the U. S. workforce», *Future of Work with AI Agents*, Stanford University SALT Lab, accessed june 19, 2025, https://futureofwork.saltlab.stanford.edu/.

APÉNDICE

65. «AI adoption in 2024: 74 % of companies struggle to achieve and scale value», *BCG Global*, october 24, 2024, https://www.bcg.com/press/24october2024-ai-adoption-in-2024-74-of-companies-struggle-to-achieve-and-scale-value.

66. «GE to open up predix industrial internet platform to all users», press release, *General Electric*, october 9, 2014, https://www.ge.com/news/press-releases/ge-open-predix-industrial-internet-platform-all-users.

67. Adnan Masood, «AI in organizational change management —case studies, best practices, ethical implications, and future technological trajectories», *Medium* (blog), june 1, 2025, https://medium.com/@adnanmasood/ai-in-organizational-change-management-case-studies-best-practices-ethical-implications-and-179be4ec2583.

68. «Bosch uses software and AI to make its products smarter and make people's lives safer», press release, *Bosch Media Service*, january 6, 2025, https://us.bosch-press.com/pressportal/us/en/press-release-26240.html.

69. «Introduction to feature management in Vertex AI», *Google Cloud*, accessed june 10, 2025, https://cloud.google.com/vertex-ai/docs/featurestore.

70. Stephen Wunker, «How to build AI capabilities across an enterprise», *Forbes*, february 22, 2024, https://www.forbes.com/sites/stephenwunker/2024/02/22/how-to-build-ai-capabilities-across-an-enterprise/.

JONATHAN BRILL es *futurist-in-residence* de Amazon, *head of invention* en DeepInvent.ai, *executive chairman* del Center for Radical Change y ex *global futurist* de HP. Forbes lo ha calificado como «el principal futurista del mundo». Ha dirigido firmas y equipos de invención en Frog Design y ha asesorado a corporaciones, Gobiernos y startups en sectores como IA, defensa, alimentación, finanzas y manufactura. Como autor y conferenciante internacional, ayuda a líderes a pasar de la especulación a la acción con marcos prácticos para innovar a escala. Vive cerca de San Francisco.

Stephen Wunker es *managing director* de la firma de innovación New Markets Advisors y fue colaborador habitual del legendario Clayton Christensen. Lideró el desarrollo de uno de los primeros *smartphones* del mundo, fue pionero en las industrias de comercio y *marketing* móvil, y ha ayudado a 29 compañías de la Fortune 500 a navegar la disrupción y la innovación. Especialista en estrategia orientada al cliente y en crecimiento con IA, combina investigación rigurosa con aplicación práctica para equipos ejecutivos. Vive cerca de Boston.